*MELHORES
POEMAS*

Mário de Sá-Carneiro

Direção
EDLA VAN STEEN

MELHORES POEMAS

Mário de Sá-Carneiro

Seleção
LUCILA NOGUEIRA

São Paulo
2010

© Global Editora, 2010

1ª Edição, Global Editora, São Paulo 2010

Diretor-Editorial
Jefferson L. Alves

Gerente de Produção
Flávio Samuel

Coordenadora-Editorial
Dida Bessana

Assistentes de Produção
Emerson Charles Santos
Jefferson Campos

Assistente-Editorial
João Reynaldo de Paiva

Revisão
Ana Carolina G. Ribeiro
Tatiana Y. Tanaka

Projeto de Capa
Victor Burton

Editoração Eletrônica
Antonio Silvio Lopes

Dados Internacionais de Catalogação na Publicação (CIP)
(Câmara Brasileira do Livro, SP, Brasil)

Sá-Carneiro, Mário de, 1890-1916.
  Melhores poemas Mário de Sá-Carneiro / Lucila Nogueira (seleção); Edla van Steen (direção) – 1. ed. – São Paulo : Global, 2010. (Coleção Melhores Poemas).

  Bibliografia.
  ISBN 978-85-260-0205-0

  1. Poesia brasileira. I. Nogueira, Lucila. II. Steen, Edla van. III. Título. IV. Série.

10-02066   CDD-869.91

Índices para catálogo sistemático:

1. Poesia : Literatura brasileira   869.91

Direitos Reservados

Global Editora e Distribuidora Ltda.

Rua Pirapitingui, 111 – Liberdade
CEP 01508-020 – São Paulo – SP
Tel.: (11) 3277-7999 – Fax: (11) 3277-8141
e-mail: global@globaleditora.com.br
www.globaleditora.com.br

Obra atualizada conforme o **Novo Acordo Ortográfico da Língua Portuguesa**

Colabore com a produção científica e cultural.
Proibida a reprodução total ou parcial desta obra sem a autorização dos editores.

Nº de Catálogo: **2850**

Lucila Nogueira é professora de literatura portuguesa brasileira e teoria da literatura no Curso de Letras da Universidade Federal de Pernambuco; na pós-graduação ensina literaturas de expressão portuguesa no século XX, de língua espanhola, teoria da poesia, ideologia e literatura. Publicou *Ideologia e forma literária em Carlos Drummond de Andrade* (3ª edição em 2002), *A lenda de Fernando Pessoa* (2003) e tem no prelo *O Cordão Encarnado*, sua tese de doutorado sobre os livros *O cão sem plumas* e *Morte e vida Severina*, de João Cabral de Melo Neto. Carioca de ascendência luso-galega radicada no Recife, publicou dezoito livros de poesia; está traduzindo o poeta espanhol Pablo Del Barco e o colombiano Jaime Jaramillo Escolar. Divulgadora em reciprocidade de autores ibero-americanos contemporâneos, desenvolve o projeto de pesquisa *Tradição e Modernidade em Dalila Pereira da Costa e Luiza Neto Jorge*; organizou o volume *Saudade de Inês de Castro* (2005) com a colaboração de autores do Brasil, Espanha e Portugal. É membro da Associação Internacional de Lusitanistas, Academia Pernambucana de Letras correspondente da Academia Brasileira de Filologia, entre várias outras instituições.

MÁRIO DE SÁ-CARNEIRO: MALDITO, DECADENTISTA E DADAÍSTA

O imaginário europeu do romantismo às vanguardas

O resplendor, há que suportá-lo com firmeza, disse Amanda Berenguer. Segundo Gilberto Durand, os polos de resistência dos valores do imaginário no reino triunfante do cientificismo racionalista foram o Romantismo, o Simbolismo e o Surrealismo, porque foi no cerne desses movimentos que se estabeleceu uma revolução positiva do sonho, do onírico, da alucinação. Gaston Bachelard irá construir uma análise literária na qual a imagem surge para iluminar a própria imagem. Essa via de acesso à beleza privilegia mais a intuição pela imagem do que a demonstração pela sintaxe e permite a entrada em uma nova ordem de realidades. A figura do poeta como mago e vidente se consolida nesse romantismo em que a arte surge como uma espécie de religião. A imaginação, como soberana das faculdades, há de chancelar o caráter visionário.

Se o Simbolismo foi um outro Romantismo que o afirmem seus pontos convergentes, a manifestar sempre uma experiência transcendental na linguagem das coisas visíveis: sua origem comum está no pensamento de Swedenborg. Emerson levou esse misticismo hermético do sueco aos Estados Unidos e através dele Poe construiu sua obra, posteriormente devolvida à Europa pela tradução de Baudelaire. Este, com seu princípio sinestésico das "correspondências", ratifica Swedenborg em seu "Tratado das Representações e das Correspondências", aproximando-se dos cabalistas e destacando o caráter da criação como uma escrita secreta. Também William Blake endossara a máxima swedenborguiana da salvação humana pela inteligência, pelo exercício da arte: para o poeta inglês, as parábolas de Cristo eram obras artísticas. A salvação pela beleza também foi postulada por Jorge Luís Borges. A linha simbolista da Poesia, egressa dos românticos atravessa universos como os de Gerard Nerval e Yeats, Goethe e Baudelaire. Trata-se de viver em uma paixão extrema e sob uma constante tensão visionária, como disse Novalis a propósito do romantismo:

> quando conferimos às coisas um sentido mais elevado, ao ordinário um aspecto misterioso, ao conhecido a dignidade do desconhecido, ao finito uma aparência infinita – eis aí o romantismo.

Na verdade foi o Simbolismo que preparou o caminho às vanguardas do início do século XX: o Cubismo, o Futurismo, o Dadaísmo, o Surrealismo. Ana Balakian afirma que toda a história da literatura desde o romantismo até o simbolismo e o surrealismo é indicativa do culto do homem pelo mistério das coisas desconhecidas; ela destaca que toda poesia, desde o coração do movimento romântico, apropriou-se de terreno da mística como um substituto para a religião – se os românticos buscavam analogias ou sugestões do infinito, o mesmo o fizeram simbolistas e surrealistas. A teoria assim explica: o verdadeiro romântico encontrava sua perspectiva no sonho, o estágio intermediário; o simbolista cultivava o sonho como o único nível vital da experiência do poeta; o surrealista investigava o mundo do sonho para cultivar as possibilidades de sua mente. E complementa tratar-se do mesmo culto, mas por três razões diferentes: o romântico aspirava ao infinito, o simbolista pensava que poderia descobri-lo, o surrealista acreditava que podia criá-lo – súmula de aspiração ao absoluto dos objetivos das três escolas literárias. Por isso, para Ana Balakian o estudo do Simbolismo deve ser desenvolvido em relação ao Romantismo e ao Surrealismo.

As analogias de Fourier e as correspondências de Swedenborg conduzem à restauração da alegoria em sua força original: paisagens entrelaçadas, horizontes evanescentes, universalidade dos sonhos em seu firme resplendor. Balakian considera que as bases do simbolismo e do surrealismo estão no "Poema do Haxixe", de Baudelaire: é nesse texto que as imagens dos dois movimentos encontram o seu fundamento: se a descrição do ato poético o torna no precursor dos surrealistas, as visões funcionarão como trampolim para as imagens simbolistas. E aí Baudelaire ultrapassa a dimensão de poeta de Swedenborg, passando a considerá-lo um transformador de sonhos, a noção de vidente que será possuída por Rimbaud. Busca-se a arte que lance a mente em estado de sonho e a conduza à clarividência, dentro de uma atmosfera hipnótica a deixar sempre um intervalo aberto à imaginação.

De modo que o romantismo alemão e inglês se constituíram em desvios radicais do classicismo, ruptura que não foi tão evidente na França. A habilidade de conferir às próprias palavras o poder das imagens será explorada pelos surrealistas e aí chega-se à noção de poesia como enigma, a mensagem persiste ambígua como em estado de sonho ou mesmo uma orgia. Há uma fusão das percepções dos sentidos e Ana Balakian afirma:

> Se a carta de Rimbaud tivesse sido impressa quando foi escrita, se Rimbaud tivesse morrido em Paris... o surrealismo teria começado mais cedo.

Porque em Rimbaud a paisagem exterior fornece o motivo para o sentimento interior. Porque em Rimbaud o biográfico é encoberto por estratagemas metafóricos. A obscuridade intencional do simbolismo sugere a cristalização de um enigma. As imagens se superpõem umas às outras, trata-se de uma poesia do sonho, irracional, sensorial, metáforas mescladas deliberadamente. As imagens sem relação lógica e de atmosfera vaga da poesia inglesa passam a contaminar a precisão lógica da poesia francesa: como lembra Edmund Wilson, Verlaine vivera na Inglaterra, Mallarmé era professor de inglês, Baudelaire traduzira os poemas de Poe. O simbolismo voltou-se contra o racionalismo do século XVIII e o materialismo do século XIX.

A sabedoria fala primeiro por imagens, diz Yeats sobre Shelley: existe para cada homem algum céu, alguma aventura, algum quadro, que é imagem de sua vida secreta. E seria a beleza inseparável das imagens que a representam? Como distinguir o dançarino de sua dança? Edmund Wilson destaca ser o presente mais bonito do que o passado e que os burgueses têm medo de se abandonar a seus impulsos. Se o simbolismo corresponde ao romantismo e é fruto dele, os românticos procuravam a experiência – no amor, nas viagens, na política – os simbolistas, mesmo rejeitando também as convenções, se satisfazem com a experimentação literária, explorando apenas as possibilidades do pensamento e da imaginação.

Ou seja, os heróis do simbolismo preferem renunciar à vida com a luta para abrir seu espaço nela – apegam-se a torres e câmeras místicas, desprezam a vida de ação em face da vida de solitária visão. Enquanto que o romântico se revoltava e desafiava a sociedade adversa, o simbolista dela se desliga, adestrando-se na indiferença, o que se compreendia pela aspereza da sociedade utilitária que se produzira com a Revolução Industrial e pela ascensão da classe média. Cristalizou-se o simbolismo numa característica estética mais de sugerir do que dizer claramente.

Quando surge Rimbaud, é sob o signo do cabiro Prometeu, o poeta é o ladrão do fogo; é preciso que ele seja vidente, que ele se faça vidente através de longo, imenso e meditado transtorno de todos os sentidos. Levando-se em conta que a crítica de T. S. Eliot sobre Byron é exatamente considerá-lo "uma mente desordenada e desinteressante", observamos a coexistência na modernidade de duas linhas excludentes; uma em que se enfatiza a imaginação e outra que assenta em base intelectual no sentido frio. "Habituei-me à simples alucinação", dizia Rimbaud, completando: "acabei por considerar sagrada a desordem de minha inteligência". Rimbaud ansiava, conforme Edmund Wilson, por uma vida que tomasse o lugar da perdida brutalidade e inocência da Europa: "sou da raça que cantava no suplício; não compreendo as leis, não tenho senso moral". Rejeitando a Europa, viveu doze anos no Oriente enquanto seus contemporâneos simbolistas ficaram em casa no refúgio da literatura.

O elogio de Baudelaire à imaginação, a "rainha do verdadeiro", combinado com a visão de Novalis "a poesia é o autêntico real absoluto: quanto mais poético, tanto mais verdadeiro" vai inspirar o movimento surrealista. Autores como Alfred Jarry, Lautréamont e Rimbaud acreditaram na correspondência entre vida e obra; Baudelaire, Nerval e Artaud, como bem destaca o poeta e crítico Cláudio Willer, seriam considerados hoje performáticos, logo, modernos. Esse modo de sobrepor a vida à arte teria início com Jacques Vaché, morto em 1919, chegando ao surrealismo com passagens em Nerval e Artaud.

A partir de 1920, Breton, Éluard, Peret, Desnos, Aragon, Soupault, passam a transcrever sonhos em escrita automática, poemas com imagens livres em anotações de estados semelhantes ao transe. A valorização surrealista do delírio e da produção do inconsciente passa, como lembra Willer, do estatuto de documento de alucinação ao de obra de peso, questionando-se a psiquiatria em textos como Aurélia (Nerval) e Nadja (Breton); o surrealismo, fiel à herança romântica, escreveu o amor louco, sublime, absoluto.

Se o poeta é, entre os homens, o mais apto a perceber as correspondências, é porque tem uma visão mais rápida que o pensamento sequencial; daí equipara-se o ato poético ao ato de sonhar. Foi na verdade Jean Paul quem declarou o conceito "je est un autre" divulgando posteriormente em verso de Rimbaud, significando ser o poeta espectador objetivo do seu eu atuante. Se o sonho é uma poesia involuntária, então dormindo é que ele está mais próximo da realidade universal. Se ouvir, segundo Hoffmam, é uma forma mais perfeita de ver, certas músicas nos trazem cores, sons e perfumes que se tornam evidentes. De modo que, a acreditar em Baudelaire, usar sabiamente uma linguagem é praticar uma espécie de feitiçaria evocativa; sua noção de símbolo é muito próxima do conceito de alegoria, há a projeção da visão interior sobre a realidade exterior. Baudelaire considera que a sinestesia reside na conexão da mente com os sentidos por meio de um estímulo (incenso, âmbar), daí Proust haver derivado sua noção de memória involuntária; dá-se a expansão e desencadeamento das metáforas sobre uma dupla tensão de percepções sensoriais.

Os franceses serão aqueles que vão dar continuidade, portanto, à recusa da razão professada pelos românticos ingleses e alemães. Os chamados poetas "malditos" se alimentarão dos românticos, vagabundos da imaginação com sua ousadia existencial em jogos malabares ao unir poesia e vida na corda flutuante sobre a embriaguez da palavra; se os românticos especularam, os malditos giram em torno do abismo; se os primeiros queriam, através de ideias, liberar a ação humana, os segundos foram mais práticos, acolhidos que foram pelo estremecimento original da poesia. Tanto os românticos como os malditos tiveram como projeto de vida poetizar o mundo: por isso foram marginalizados, porque sua leitura exige espírito e atitude, irracionalidade e imaginação, a desafiar a sociedade e seus costumes. Protagonistas suicidas, bebedores de sonhos, fumadores de ópio e outras substâncias delirantes tocaram o tédio bem ao fundo, fundiram-se na angústia coletiva humana, transformando-a em poema. Um romântico como Novalis ou um maldito como Rimbaud não desconheceram o caos, no qual mergulharam para sentir a desordem de todos os sentidos. Não ignoraram aquilo que seria o caminho de Gerard de Nerval, fazendo do delírio uma fonte de criação e da melancolia um dom divino; utilizando a fonte vegetal do sonho como veículo de sabedoria, como seu personagem Hakem a sentir um enxame de pensamentos novos e inconcebíveis atravessando sua alma como um torvelinho. A refletir um mundo desconhecido. "O sonho é uma segunda vida", dizia viajando pelo inconsciente alucinante da retina. Nerval caminha em Paris imaginando mundos de sonhos, lembranças do Oriente, castelos e jardins, construindo sua particular mitologia: o sonho se nivela com a vigília. Não é imune à questão do duplo das lendas, esse irmão místico que os orientais chamam Feroüir:

> Sinto dois homens em meu interior... Em todo homem há um espectador e um ator, o que fala e o que responde. Os orientais quiseram ver neles dois inimigos.

Febre, lucidez e alucinação compõem sua criatividade artística. Também Baudelaire veio nos mostrar que a estranha ética da embriaguez tem um sentido e dá início à despersonalização da lírica; sua vestimenta extravagante, entretanto não deixa que consideremos seu dandismo apenas como tela de superfície: para ele seria algo de interior, algo sagrado, o prazer de maravilhar, para além do mero exotismo. Da mesma forma seu gosto aberto pelo ópio, sua ânsia de consumir substâncias alucinantes, suas contínuas invocações demoníacas. Como menciona Alfonso Carvajal, seus olhos perversos, ternos, são a imagem de um menino antes de cometer um crime.

    Foi o poeta Verlaine quem escreveu o livro a que chamou os "Poetas Malditos"(1884-1888), o qual tem a importância de refletir uma época pela ótica de um de seus mais atrevidos protagonistas. Verlaine incluiu nesta seleção de malditos a Tristán Córbiere, Rimbaud, Mallarmé, Marceline Desbordes-Valmore, Villiers de L'sle Adam, assim como a si mesmo. Na verdade esse termo designa autores de influência inovadora cujas obras demoram a ser lidas e aceitas por incompreensão de seus contemporâneos. Entretanto, a expressão também pode designar poetas como Novalis, William Blake, Baudelaire, Théophile Gautier, Gérard de Nerval; mais recentemente Artaud, Bataille, Allen Ginsberg, William Burroughs ou brasileiros como Roberto Piva. Como acentua Cláudio Willer, o termo também pode ser entendido em contraste com a noção de "olímpico": em meados do século XIX Baudelaire foi o "maldito" e Victor Hugo, o "olímpico"; no Brasil, na altura de 1900, Sousândrade, Augusto dos Anjos e Cruz e Sousa foram "malditos", enquanto que Olavo Bilac foi "olímpico".

    As vanguardas que vão surgir na transição para o século XX representarão, de certa forma, o romantismo no seu limite. A efervescência dos movimentos artísticos e literários dessa época despreza a razão e consagra a fantasia. O futurismo, o dadaísmo, o surrealismo constituem os três lados da pirâmide modernista que irá assinalar o imaginário que se afirma na renovação sintática e linguística da poesia, em intersemiose com outras artes no mergulho em busca de sua própria origem.

A maldita poesia portuguesa

A poesia em Portugal é maldita a começar pelo seu mais festejado poeta: Luís de Camões, plebeu, bastardo, caolho e cristão novo é desterrado durante dezessete anos para Ceuta, Goa, Macau e Moçambique. Conta-se que haveria se apaixonado por alguma pessoa interdita de muito relevo na Corte, que lhe valeu longa e árdua perseguição. Ao voltar a Lisboa acompanhado de um javanês que, para o sustento de ambos, à noite pedia esmolas pelas ruas decide escrever um poema que no melhor estilo pagão e clássico coloca os deuses do Olimpo a decidir o destino do povo português. Com muita habilidade esse poeta verdadeiramente *underground*, a pretexto de celebrar as navegações portuguesas, faz a maior crítica às navegações já produzida em versos lusitanos, colocando na boca do Velho do Restelo a maldição pela aventura marítima que tantas vidas custou à nação. Ainda jogando no registro da ambiguidade, mostra no episódio da galega Inês de Castro toda a desumanidade da coroa portuguesa diante daquela nobre bastarda que desafiou a vontade de Afonso IV. Em seus últimos anos, Camões frequentava o refeitório dos frades do São Domingos, no Rossio; por sinal foi o dominicano Bartolomeu Ferreira quem lhe deu parecer favorável à edição de os *Os lusíadas*, declarando "não encontrar nele coisa alguma escandalosa nem contrária à fé e aos bons costumes"; o portador do poema perante o rei D. Sebastião foi o conde de Vimioso D. Manuel de Portugal – e o Santo Ofício aprovou o texto sem cortes tal como até hoje o conhecemos.

A sequência da poesia portuguesa ligada ao conceito de "maldito" vai entrar no auge, contudo, no início do século XX, com os poetas da Geração Orpheu e outros contemporâneos. Fernando Pessoa, Mário de Sá-Carneiro, Almada Negreiros, Raul Leal, António Botto, Camilo Pessanha são autores que em muito iriam contribuir para a abertura de mentes propiciada pelo exercício das vanguardas. Praticamente exilado por dez anos na África do Sul, Fernando Pessoa também sofreu um outro exílio mais difícil: aquele de morar e conviver com a mãe em uma família que não era a sua e não contar com o apoio do padrasto no que concerne ao investimento em sua vida intelectual: aluno brilhante em Durban, foi retirado do colégio para fazer um curso noturno de comércio; depois, recambiado a Portugal ao convívio da família do pai morto, enquanto que seus irmãos do segundo casamento foram mandados a estudar na Inglaterra; o grande poeta da língua teria, no entanto, que reaprender esta última, entre dificuldades com a loucura da avó Dionísia, a falta de dinheiro que o levou a morar inclusive numa leiteria, a expulsão da Faculdade de Letras (mesmo com a justificativa da existência de faltas: conforme Arnaldo Saraiva, o poeta pediu reconsideração que lhe foi negada) onde teria sido um ótimo professor; exerceu ao invés, as profissões de correspondente comercial e tradutor eventual de textos literários, que lhe propiciaram uma vida frugal incompatível com o seu brilho intelectual e uma morte comprada a médio prazo pelo hábito do alcoolismo.

Era um modismo, à época da *Orpheu*, os poetas se entregarem a experiências que lhes permitissem redimensionar e estilizar a vida. No caso de Camilo Pessanha, o consumo do ópio se deve inicialmente à necessidade de saúde para aliviar as dores, prolongando-se pela sua permanência no Oriente. Ocorre que apesar de o simbolismo português ter o seu marco cronológico nos "Oaristos" de Eugênio de Castro é no seu "Clepsidra" que melhor flui a evanescência musical característica da escola tão ao gosto de Verlaine que chegaria a seu clímax na obra de Mallarmé. No entanto, o mesmo Eugênio, ao publicar seu livro "Horas", recebeu uma crítica de Fialho de Almeida em que este afirmava não ser o livro "nem prosa, nem poema, nem coisa nenhuma, mas uma trapalhada sem nexo saída com certeza do Hospital Rilhafoles".

Órfão como Pessoa, Mário de Sá-Carneiro vai dar continuidade em Paris à atmosfera de exílio presente na poesia de António Nobre com a radicalização da viagem sensorial que irá lhe permitir uma maior densidade metafórica e uma articulação poliédrica na sintaxe da expressão. Esta característica tem levado inclusive à afirmativa por parte de uns poucos de ter sido ele o precursor do surrealismo em Portugal; ora, este último é uma consequência/dissidência do dadaísmo tal como ele circulava em Paris ao tempo em que Mário lá residiu, entregue à deambulação pelos teatros e cafés na performance de um dândi no melhor sentido daquilo que entendemos ao referenciar o estetizante Oscar Wilde. De modo que o surrealismo organizado que vem surgir em Portugal nos anos quarenta capitaneado por Mário Cesariny de Vasconcelos na verdade se trata de uma segunda fase do que Pessoa e Mário já faziam sob outras nomenclaturas, como interseccionismo e sensacionismo: no primeiro dá-se o deslocamento dos campos semânticos da imagem para o seu posterior cruzamento arbitrário; no segundo, exercita-se o parâmetro de Rimbaud, pelo qual o poeta se torna vidente pelo desregramento de todos os sentidos.

Sá-Carneiro morreu em Paris abandonado por seu pai, que casara novamente e fora trabalhar em Moçambique: como sua mulher não queria o jovem Mário nem em África nem na casa de Lisboa, o poeta também recebia irregularmente as mesadas do pai que, inclusive, se negara a patrocinar o terceiro número da Orpheu; não sabendo prover sua própria subsistência, suicidou-se espetacularmente e convidou o amigo Araújo para assistir à sua morte, dando uma atmosfera verdadeiramente dadaísta à sua partida deste mundo.

A sua obra valoriza o sonho e referencia a viagem e o duplo, enunciando mutações de formas e cores que irão evidenciar, na metade do século então em curso, características psicodélicas da geração *beat* americana.

Aliás, quando antes do suicídio anunciado, sua namorada Helena (ou Renée) dirigiu-se aflita ao cônsul de Portugal em Paris, este alegou que "esses poetas da Orpheu eram todos uns loucos viciados, não valendo a pena preocupar-se": O que termina por confirmar o descaso do próprio governo português na pessoa desse seu representante.

Ainda que Sá-Carneiro, em carta a Fernando Pessoa, afirmasse: "eu estou doido... doidice que pode passear pelas ruas – claro. Mas doidice. Assim como o Ângelo de Lima!".

Este último teve poemas seus publicados na revista Orpheu ao tempo que estava internado no Hospital de Rilhafoles. Seu pai era também poeta e morreu alienado; consta ser este filho de pais incógnitos embora Ângelo relatasse haver o seu avô assassinado a sua avó. Foi o poeta preso no teatro de D. Amélia em uma noite de dezembro de 1901 por proferir obscenidades; antes ficara no Hospital do Conde

19

de Ferreira desde 20 de novembro de 1894 até o fim de janeiro de 1898 com diagnóstico de insônia, excitação, alucinações e mania de perseguição: em relatório médico de 1902, consta haver sido interno no Conde de Ferreira acusado de tentar amores com uma irmã; era visto sempre a desenhar ou falando só pelos corredores e janelas do hospital; distribuía várias cópias de seus poemas às pessoas que o visitavam. Nascido a 30 de junho de 1872 na cidade do Porto, conforme suas próprias palavras fora um indolente que se conservava durante horas imóvel na contemplação e reflexão sobre um só objeto ou espetáculo da natureza; sabia ler desde os seis anos e entrou aos dez no Colégio Militar de onde foi expulso aos dezesseis; teve aulas de desenho na Academia de Belas Artes do Porto mas as suspendeu para retorno à vida militar chegando a ter prisão correcional por questão de embriaguez; passou sete meses na África, Moçambique, bebendo muito vinho (Manica, Quelimane, Zanzibar); atribuiu sempre os seus desvarios ao alcoolismo; chegou a morar dois anos no Algarve onde pintou bastante; declarou que quando viveu em Lisboa não tinha praticamente o que fazer; de uma família de nove irmãos, quase todos morreram precocemente, inclusive um deles com 21 anos no Brasil; sobrevivera apenas uma irmã que morava no Porto com a mãe. A exemplo de Antonim Artaud denunciou maus-tratos no Hospital Psiquiátrico:

> Eu não estou doido.
> Tenho sido manejado como um puro manequim.
> Os seus meios de manejo têm sido – a mim aqui ao seu dispor abandonado por toda uma sociedade, a começar por aqueles que mais estrito dever tinham

e não o fazer – os seus meios de ação são já a tortura, já a sugestão, já o veneno. A tortura consiste em maus-tratos aqui, sequestros, insultos... O veneno, esse é o subministrado nas comidas que encontro por ração colocadas no meu lugar... por meio destes venenos são-me senhores do cérebro (que legam, manejam, sobre-excitam, centro por centro, fazendo--me assim rir, chorar, estar triste, falar, estar calado.).

Morto aos 49 anos a 14 de agosto de 1921, sua foto como interno é espetacularmente melancólica, alegoria do abandono familiar a que ficam relegadas as pessoas com problemas psicológicos; "ai que é tão triste não se ter ninguém" escreveu no poema dedicado em dia de finados a seu pai; Ângelo de Lima, assim descreveu a chegada da loucura:

> *Para-me de repente o pensamento...*
> *– Como se de repente sofreado*
> *na Douda Correria... em que, levado...*
> *– Anda em Busca... da Paz... do Esquecimento*
>
> *– Para Surpreso... Escrutador... Atento*
> *como para um cavalo alucinado*
> *Ante um abismo... ante seus pés rasgado...*
> *– Para... e Fixa... e Demora-se um momento...*

Conforme Fátima Freitas Morma, é a partir da declaração da loucura que a sua poesia, de formação simbolista, se torna mais agudamente original. Um outro aspecto, a tematização do corpo, presente tanto em Pessoa (*ser o meu corpo passivo a mulher – todas as mulheres*) como em Mário (*eu queria ser mulher para poder me recusar*) vai encontrar uma dicção direta em António

Botto: seu livro *Canções* reeditado na breve – e nada lucrativa – experiência pessoana de editor, foi apreendido pela polícia, assim como aconteceu com o de Judith Teixeira *Decadência* por ser considerado escandaloso na sociedade portuguesa; é bem conhecido o texto de Pessoa "António Botto e o ideal estético em Portugal", em que não comenta – como seria de esperar – os poemas, mas faz apologia do ideal helênico como única via no combate à vida imperfeita; são de António Botto estes versos: *Não, beijemo-nos apenas/ na agonia desta tarde/ guarda/ para outro momento/ o teu viril corpo trigueiro.* Conforme o poeta e crítico Eduardo Pitta, em 1942 António Botto foi expulso da função pública por carecer de idoneidade moral. Em 1947, ele emigra para o Brasil, triste por não o citarem como grande poeta de Portugal, após dar um recital no teatro São Luís para custear a viagem. Afetado por uma paralisia progressiva, e em estado delirante a ponto de se julgar dono de São Paulo, morre atropelado no Rio de Janeiro, em 1959. A propósito dele, o filósofo Raul Leal (Lisboa, 1886-1964) se envolveu em uma polêmica de que participou Fernando Pessoa, na qual ambos celebravam a consciência estética de Botto, sendo o texto de Raul intitulado "Sodoma Divinizada", e merecedor de um artigo inflamado de Marcelo Caetano no quinto número da publicação *Ordem Nova*, com o título de "Arte sem moral nenhuma", que também ataca António Botto e Judith Teixeira:

> Tem ultimamente aparecido nas livrarias – alguns precedidos de largo reclame – vários livros obscenos. Houve já uma inundação parecida, aqui há uns anos, quando um tal Sr. Raul Leal, publicou um opúsculo intitulado "Sodoma Divinizada", que nas mon-

tras era ladeado pelas "canções" dum tal António Botto e por um livro de grande formato intitulado "Decadência", duma desavergonhada chamada Judith Teixeira... O que é fato é que o Leal e o Botto e a Sra. Judith Teixeira foram todos para o Governo Civil onde, sem escolha, se procedeu à cremação daquela papelada imunda que empestava a cidade.

Tanto *Sodoma divinizada* (1923), de Raul Leal, bem como a 2ª ed. das *Canções* de António Botto (1922), vieram a público com a chancela da Olisipo, a editora de Fernando Pessoa.

Nascido em 1886, em Lisboa, filho do diretor do Banco de Portugal, Raul Leal tentara suicídio entre 1916/1917, justamente a época em que desapareceu Sá-Carneiro em Paris: essa tentativa ele há de situar em Lisboa bem em frente aos Armazéns do Chiado, afirmando: "eu não queria suicidar-me: só pretendia fazer escândalo". Estreou com versos em francês e nessa língua escreveu sua obra poética, marcada por um "estilo de vertigem" de notação "páulica": a imagem se liberta do encadeamento racional e viola a sintaxe num texto-colagem (ainda de expressão linear) que antecipa a intersecção de planos poligonais do cubismo (que Pessoa chamará interseccionismo) e cuja terceira dimensão fará o sensacionalismo. Em 1926 será agredido num café da Baixa por indivíduos que o espancam brutalmente por conta de sua coragem crítica. Deixará de escrever por 23 anos em jornais. Em 1935 publica na *Athena* "A loucura universal": "no louco se concentram em delírio, em gênio, todas as forças universais através de universais fraquezas, todas as exaltações e todas as depressões que há na vida do Universo". Em 1956 começa a frequentar, com Herberto Helder, o grupo surrealista do Café Gelo: morava num quarto da rua Conde de Monsanto que um treinador de box lhe cedia gratuitamente; sentia-se reviver naquele convívio com os pensionistas; em 1959 é surpreendido por um guarda-noturno em atitude problemática no vão de uma escada e passa quase um mês preso, na idade de setenta anos. Em 1962 omitem seu nome como sobrevivente da Orpheu, o que o deixa magoado (citam apenas Cortes-Rodrigues, Alfredo Guisado e Almada Negreiros); morre em 1964, após meses internado – ao seu enterro compareceram onze pessoas. Conforme Aníbal Fernandes, permaneceu em campa marcada até 18 de junho de 1971: esgotado o prazo para a trasladação, sem que alguém se interessasse em garantir-lhe um túmulo definitivo, perdeu-se o seu corpo na vala comum. O mesmo acontecerá com Sá-Carneiro: finalizado o prazo de aluguel do túmulo por um amigo, ninguém da família foi a Paris reclamar o corpo, que tomou rota similar.

Almada Negreiros (1893-1970) representa no modernismo português, conforme Jorge de Sena, desde o início, uma linguagem nova. Como nem sempre sua obra foi publicada ao tempo em que foi escrita, demorou um pouco a ocupar o lugar que lhe pertencia na época modernista: veja-se que a famosa "Cena do Ódio", escrita em 1915 destinada ao abortado nº 3 de *Orpheu*, só é publicada integralmente em 1958, na antologia "Líricas portuguesas" de Jorge de Sena (editada em parte na *Contemporânea* nº 7). Neste fragmento observa-se a intertextualidade tanto com o Pessoa, Álvaro de Campos de "Ode Triunfal", como com o brasileiro Mário de Andrade de "Ode ao Burguês":

Ergo-lhe Pederasta apupado d'imbecis
Divinizo-me meretriz, ex-libris do pecado
… Satanizo-me tara na vara de Moisés!
… Hei de Alfange-Muhoma
Cantar Sodoma na Voz de Nero!
… Hei de ser galope opiado e doido, opiado e doido
Sou narciso, do meu Ódio!
....
… Tu que te dizes homem!
… Tu qu'inventaste as ciências e as filosofias,
as políticas, as artes e as leis
e outros quebra-cabeças de sala
e outros dramas de grande espetáculo…
Tu que aperfeiçoas sabiamente a arte de mudar.
Tu, que descobriste o Cabo da Boa Esperança
e o Caminho Marítimo da Índia
e as duas Grandes Américas,
e que levaste a chatice a estas terras
e que trouxeste de lá mais gente pr'aqui
e qu'inda por cima cantaste estes Feitos…
Tu, que inventaste a chatice e o balão
e que farto de te chateares no chão
Te foste chatear no ar
e qu'inda foste inventar submarinos
p'ra te chateares também por debaixo d'água,
tu que tens a mania das Invenções e das Descobertas
e que nunca descobriste que eras bruto
e que nunca inventaste a maneira de o não seres…
Tu consegues ser cada vez mais besta
E a este progresso chamas civilização!
… Ó geral da mediocridade!
Ó claque ignóbil do vulgar, protagonista do normal!
… competência de relógio d'oiro
e correntes com suores do Brasil

... *E ainda há quem faça propaganda disto*
a pátria onde Camões morreu de fome
e onde todos enchem a barriga de Camões!
... *Hás de pagar-me o Absinto e a Morfina*
... *Hei de ser a mulher que tu gostes,*
hei de ser ela sem te dar atenção!

O escritor e crítico Nuno Júdice considera o poema "Litoral" de Almada como autêntico seguidor da plataforma futurista: pela destruição da sintaxe, o abolir da pontuação, pelo uso frequente de analogias, pela orquestração moderna de imagens, pela colagem arbitrária dos elementos integrantes do poema; Almada também suprime os verbos e acumula os substantivos, usa palavras compostas (as *mot-valises* do surrealismo) e conforme Júdice, nos contos desse período ("K4, O quadrado azul", "Saltimbancos" e "A Engomadeira") Almada explora processos que anunciam as técnicas surrealistas, inclusive a escrita automática:

> Com efeito, o ilogismo de certas passagens de "K4", bem como o clima entre a alucinação e o sonho acordado de "A engomadeira", como a provocação à moral de "Saltimbancos" (com o uso da obscenidade); e, em todos estes textos, o uso subversivo de uma violência erótica – em que se encontram temas como a androgenia ou o travestimento do sujeito – vai ao encontro do que mais ousado se encontra na literatura da época. Não é este fato de surpreender se tivermos em conta que vem de Almada o primeiro grito vanguardista, no sentido de ruptura com o passado, rejeição dos acadêmicos e dos mestres e utilização de linguagem radical dos manifestos de Marinetti: trata-se do "Manifesto Anti-Dantas" (1915) no qual Almada de desforra dos críticos de

Orpheu que, na sua maior parte, haviam recorrido a Júlio Dantas (autor de um estudo clínico sobre a arte dos loucos) para classificar os novos como doidos varridos.

O perfil provocatório de Almada acentua a vertente futurista dos da *Orpheu*, reunidos no Café Brasileira do Chiado, palco da movimentação literária da época; havendo lido a "Cena do Ódio" do alto de uma mesa, Almada escreverá "Ultimatum futurista às gerações portuguesas do século XX", caminhando em direção contrária a Luís de Montalvor, de perfil decadentista na *Orpheu I* e no número da *Centauro* de 1916. Ainda Nuno Júdice considera que:

> Na década de 20, embora surjam revistas que prolongam a estética da "Orpheu", como a "Contemporânea", nada surgirá de comparável aos dois textos maiores da revolução modernista que são "K4, o quadrado azul", ainda devedor das regras futuristas e "A Engomadeira", ambos textos em prosa de Almada, apresentando uma isolada e espontânea intuição do surrealismo que, entretanto vai dando em França os primeiros passos até a publicação, em 1924, do Primeiro Manifesto Surrealista de André Breton.

Há, assim, um aspecto muito grave a ser observado: Sá-Carneiro, Pessoa, Campos e Almada estavam fazendo literatura surrealista antes mesmo de André Breton escrever o Manifesto, fundando com suas próprias obras o movimento. Por que chamá-los então de "precursores"? Apenas porque a parte burocrática do surrealismo (elaboração do Manifesto) só vai chegar em 1924 com o desentendimento de Breton com Tzara?

As escritoras Judith Teixeira e Florbela Espanca foram e permanecem, até hoje, como "malditas". Versão feminina de dândi requintada e voltada ao prazer, não exclui a primeira, a mulher como objeto no cenário amoroso; recentemente René P. Garay (falecido em junho de 2006) publicou estudo em que é comentado o seu "modernismo sáfico" e que constitui uma referência importante para avaliação estética desse contexto em literaturas de língua portuguesa. Assim, Judith Teixeira, cuja obra continua a ser desconhecida, é filha ilegítima, teve dois casamentos, foi acusada de adultério, até que em 1923 escandaliza Lisboa com *Decadência*. O livro é apreendido a 5 de março pelo governo, com *Sodoma divinizada*, de Raul Leal, e *Canções*, de António Botto; este último, segundo Álvaro Manuel Machado, haveria de influenciar Judith, que exalta o prazer e a diferença na sexualidade bem como o uso da morfina: mas como ele pôde verificar isso se foram publicados os dois livros no mesmo ano? Editora da revista *Europa*, Judith Teixeira chegou a publicar um poema de Florbela Espanca, no caso "Charneca em flor" em 1925; em 1927 publica sua coleção de novelas *Satânia*; a escritura do corpo está vivamente nessa autora que chega a citar o "Manifesto Futurista da Luxúria" (Paris, 1913) de Valentine de Saint-Point: "a luxúria é para o corpo o que o ideal é para o espírito. A luxúria é uma força.". Essa escrita do corpo é de vanguarda na medida em que desintegra os antiquados modelos de moral burguesa. É de René P. Garay, o comentário de que um estudo mais apurado sobre a poesia de Sá-Carneiro e a de Judith Teixeira revelaria uma estética muito semelhante dentro do movimento modernista português; versos desses dois autores revelam preferências por um mundo hiperestético decadentista de grande intensidade passional e delirante.

Florbela Espanca também surge como vetor preponderante do social escândalo: bastarda, quem sabe incestuosa, aluna do curso de Direito numa época em que este era predominantemente cursado por homens, divorciada, quem sabe praticante de aborto, quem sabe viciada em Veronal.

Ao tempo em que escrevo estas linhas estou em Lisboa e acabo de chegar de uma palestra do crítico e poeta Eduardo Pitta sobre Fernanda de Castro, também estudante de Direito ao tempo de Florbela e alvo da admiração de Américo Durão, aquele que chamara Florbela "irmã sóror saudade". Ao contrário desta, Fernanda morreu velhinha, boa esposa, boa mãe, boa avó, respeitada publicamente e com certeza feliz ao lado do marido António Ferro, grande amigo de Fernando Pessoa. Nos cinco ensaios que escrevemos para participação em congressos sobre Florbela, evoluímos da versão do suicídio à hipótese de overdose. Seu caráter de "maldita" surge desde o nascimento em "barriga de aluguel", com o irmão Apeles, até a proibição de ser enterrada em sua própria cidade, a qual só foi contornada anos depois. Seu esteticismo decadentista está presente também nos contos, bem como no modo como se vestia e fazia fotografar; no entanto, a sua voz vai ser moderna ao escrever versos de autoria feminina portuguesa que não parodiam Camões e assumem uma condição de mulher como diário de experiência amorosa *(Tu és como deus: princípio e fim)*.

A geração posterior da revista *Presença* há de revalorizar o papel do grupo da *Orpheu*, daí ser considerado por alguns como "segundo modernismo". Seu possível "manifesto" seriam os versos do "Cântico Negro", de José Régio, verdadeiro hino à condição "maldita do poeta".

Ninguém me peça definições!
Ninguém me diga; "vem por aqui!"
A minha vida é um vendaval que se soltou.
É uma onda que se alevantou.
É um átomo a mais que se animou...
Não sei por onde vou.
Não sei para onde vou,
– Sei que não vou por aí!

Ao final dos anos 1940 vemos oficializar-se o segundo bloco de autores surrealistas: António Maria Lisboa, Mário Cesariny de Vasconcelos, Alexandre O'Neill, entre outros. Na sequência, surgirão poetas como António Ramos Rosa, Herberto Helder, António Barahona; um outro grupo há de chamar a atenção para a necessidade do rigor formal, na linha de Valéry: são Gastão Cruz, Casimiro de Brito, Luiza Neto Jorge, Fiama Hasse Pais Brandão. Um nome de mulher será referência do mundo clássico de perfeição homérica: Sophia de Melo Breyner Andersen; com formação filosófica, Dalila Pereira da Costa é autora que transita desde esplanadas esotéricas a templos sebastianistas. Dentro de uma linha formalista e temática destaca-se Vasco Graça Moura; no entanto, subsiste outra linha marcada pela revalorização do cotidiano mais a atenção reveladora da poesia do corpo. São traços característicos da poesia que surge após a Revolução dos Cravos (25 de abril de 1974); dentre esses novos poetas, Nuno Júdice considera ser Al Berto o nome mais significativo.

Segundo Eduardo Prado Coelho foi Jorge de Sena o introdutor na poesia portuguesa dessa linguagem que não sublima a revelação amorosa e a demanda sexual; sabemos no entanto, que os da Orpheu também foram de relevo, sobretudo António Botto. Sabemos igualmente que Eugênio de Andrade foi fiel à meditação metafísica na simplicidade de linguagem que autoriza a explosão da carne, veja-se *As mãos e os frutos*. Fernando Guimarães, em seu livro *A poesia contemporânea portuguesa*, destaca sentir-se na atualidade uma maior intensificação lírica, assumindo especial importância a expressão afetiva, o erotismo, a errância possível entre o desejo e o amor, a paixão e o sexo, o lícito e o ilícito; segundo ele, aqui principia o que Luís Miguel Nava chama "encenação perversa", a qual tende para que se constitua

> Uma certa imagem do poeta que fica a oscilar entre o maldito, que tanto quis ser no século XIX em plena histeria decadentista, e o marginal, a que os exemplos de um Henry Miller ou de Jean Genet emprestaram alguma reverberação. A transgressão erótica, o álcool e a droga, a loucura e a magia criam um lado especial que não deixa, aliás de se poder entrever melhor ou pior em poetas de outras gerações como Ângelo de Lima, Álvaro de Campos, Raul Leal, António Botto ou Raul de Carvalho. Mas é sobretudo o exemplo que vem da *Beat Generation* americana (e, também, de uma peculiar feição do nosso surrealismo: o Abjeccionismo) que mais vai marcar esta tendência. É com alguma ênfase que ela se constitui hoje em torno de algumas coleções de poesia como "Frenesi" e "& etc.".

Mário de Sá-Carneiro e o anarquismo dadaísta

Uma das coisas que mais incomoda nos estudos de literatura – e muito especialmente de poesia – é a violência na mumificação oficial de personalidades radicalmente transgressoras que a consagração canônica transforma em espantalhos tanto dos leitores como de si mesmos. Como se o reconhecimento do valor literário de alguém legitimasse sua inclusão a fórceps em um contexto de solenidade medíocre que quando em vida – e pela própria obra – sempre desprezou. Não tem sido diferente o tratamento dado aos chamados "órfãos de Orpheu", no caso Fernando Pessoa e Mário de Sá-Carneiro. Vítimas de descaso da família, enfrentaram dificuldades na vida prática inversamente proporcionais ao seu talento hoje celebrado como orgulho da poesia em Portugal. Órfãos, o primeiro do pai aos sete anos e o segundo da mãe com dois anos apenas, cresceram e desenvolveram sua afetividade em famílias que já não eram as suas. O primeiro, arrastado para a África do Sul, por construir a mãe nova família, onde permanecerá dez anos até que o devolva friamente o padrasto à sua terra onde terá que reaprender a própria língua, tornando-se referência exemplar da poesia portuguesa; o segundo, abandonado em Paris na época da Primeira Guerra por estarem avô e pai envolvidos também na construção de novas famílias: do primeiro tinha o poeta vários tios pequenos com a mulher que fora sua perceptora e o pai, esse já não lhe mandava dinheiro (mesmo sabendo da dificuldade do filho para a vida prática – e até para se vestir) por estar morando em Moçambique e casado com pessoa de perfil ambíguo, madrasta a conjugar erotismo e hostilidade diante do poeta imaturo que se suicidou na capital francesa há noventa anos.

Com uma tendência mais apolínea, para o que pode ter contribuído sua formação escolar saxônica, Fernando Pessoa, de volta à terra lusitana aos dezessete anos, ainda irá viver ali mais trinta, no aconchego de amigos e do seu imaginário autista heteronímico, apesar das dificuldades econômicas que o afligiam.

Sá-Carneiro, criança mimada artificialmente entre serviçais, viaja em fins de 1913 a Paris, retornando por duas vezes a Portugal nessa sua temporada dos três últimos anos na França. Com o pai casado novamente e morando em Moçambique, entra em desespero por não ter dinheiro nem ter sido preparado para sobreviver – suas cartas deixam muito claro o estado de pânico em que vivia por esse motivo o poeta que ironicamente bancara os dois (através do próprio pai tornado ausente) números da revista fundadora do modernismo português, no caso a Orpheu.

Pertence a José Régio a posição de que aquilo que em Mário de Sá-Carneiro é manifestação de gênio, aparece em Fernando Pessoa raciocinado, consciente, voluntário; considera-o o maior intérprete da melancolia moderna. Continuador da lírica portuguesa na transição das vanguardas, Mário de Sá-Carneiro se integra no fio condutor que vem de Cesário Verde/António Nobre/ Gomes Leal/Camilo Pessanha, sem recusar a linha saudosista de Mário Beirão/Teixeira de Pascoaes, mas incorporando o caminho francês de Baudelaire/Rimbaud/ Verlaine/Nerval bem como o esteticismo à Oscar Wilde. Atualizado com os movimentos literários que marcaram sua época, vivenciou leituras e frequentou espaços ligados à vanguarda, no caso o futurismo, o cubismo, o dadaísmo. Nos bons tempos de Lisboa já recebia revistas e jornais estrangeiros e tinha conta-corrente nas livrarias principais; com a mudança a Paris, passou a ser também personagem dessas transformações culturais. A contestação do centro do sistema literário em benefício de suas margens assinala uma poética do desvio que reitera o espírito romântico. A negação da harmonia clássica encontra, desde o século XVIII, uma trajetória que passa pelo romantismo alemão, o inglês, o francês, atravessa as vanguardas do início do século XX, a geração *beat* americana, a contracultura e chega à contemporaneidade com a descrença das utopias que caracteriza o pós-modernismo. Do dândi inconformista ao anarquismo punk da nossa época deu-se a crise do positivismo, o nascimento da psicanálise; os primeiros trinta anos do século XX conduzem a uma rediscussão dos valores; a presença da guerra detona a revolta, a negatividade, o nihilismo, o excesso na vida como na morte, quer realizado no gesto, na palavra, ou só no pensamento: essa crise é expressa na vanguarda dadá e surrealista.

    A insurreição solitária do anarquismo dadaísta encontra modelos em escritores como Cravan, Rigaud, Vaché. O primeiro, em certa ocasião, anunciou que se suicidaria em público; diante dos curiosos que compareceram, os acusou de voyeuristas e lhes deu uma conferência sobre entropia; viajando aos Estados Unidos e tentando atravessar a fronteira, desapareceu no Golfo do México em 1918 e seu corpo nunca mais foi encontrado. Sobre ele afirmou Jean Cocteau: "amigos, façam de conta que choram porque o poeta apenas faz de conta que morreu". Vaché suicidou-se com overdose de ópio e Rigaud, com um tiro no coração.

Arthur Cravan foi o editor da Revista – *Maintenant* que teve cinco números: 1 (abril de 1912), 2 (julho de 1913), 3 (outubro/novembro de 1913, o número especial "Oscar Wilde vive"), 4 (número especial março/abril 1914) e 5 (março/abril 1915). Era o diretor da revista e seu único colaborador, de abril de 1912 a abril de 1913, o que fazia através de pseudônimos. "A glória é um escândalo", dizia acrescentando: "todo grande artista tem o senso de provocação".

É preciso recordar, portanto, que quando surge oficialmente o dadaísmo em 1916, Cravan já havia publicado sua revista, e também dado suas conferências "escandalosas". Em 1915 já existia inclusive o dadaísmo em Nova York, onde chegam nesse ano Marcel Duchamp e Francis Picabia. Desenha-se um espaço da contracultura formando-se um grupo pré-dadaísta.

É necessário também lembrar que o dadaísmo não é apenas um cólofon do futurismo nem uma mera etapa introdutória do surrealismo. O dadá está contra tudo, inclusive contra si mesmo: foi mais uma atitude do que um estilo. Essa postura nihilista, além de negar os valores pré-estabelecidos tem uma declarada preferência pelo irracional; os textos chegam a uma situação limite; o primeiro "ready made" de Marcel Duchamp (a roda da bicicleta) data de 1913: ele descontextualizava os objetos de seu espaço habitual, situando-os em outros e deixando o espectador atônito. Havia um canal direto entre Europa e Estados Unidos; os dadaístas levavam o acaso objetivo de Apollinaire ao extremo limite como resposta à situação política da época. Apollinaire era o pseudônimo de Wilhelm Apolinaris de Kostrowtzky, que publica em 1913 *Alcools* e em 1914 escreve seus primeiros "Calligrammes"; vidente como Rimbaud, musical como Verlaine e preciosista como Mallarmé, foi prefigurador de grandes modificações literárias que surgirão entre as duas guerras. Apollinaire morava no número 2002 do Boulevard Saint-Germain quando Mário de Sá-Carneiro chega a Paris. Lá não irá frequentar as aulas da Faculdade de Direito como também não as tinha suportado em Coimbra. Por certo se inteirava de todo o movimento intelectual da cidade, dessa ambiência dadaísta a propor transformar em ação aquilo que chamamos poesia. Porque os dadaístas tratam de unir estreitamente os conceitos de arte e vida: o dadá, como princípio, era mais uma forma de viver do que propriamente uma escola literária ou artística.

Ele se lança contra os fundamentos do próprio pensamento; seu vitalismo se manifesta na dúvida sistemática, sempre presente a constatação de que a ciência, a religião, a filosofia não foram capazes de evitar a destruição. Há também uma descrença nas possibilidades de comunicação da literatura, bem como o grito romântico contra a crueldade e sordidez do mundo. Dá-se o culto do absurdo, do irreal, do espontâneo; a visão *noir* do dadaísmo radica na reabilitação do "mal" do romantismo, celebração da noite escura, presença do dândi, do libertino, atração pelo abismo, escola de morrer cedo; uma arte à margem do pensamento está na raiz do *punk* inglês do final dos anos 70 e na cultura gótica e *dark* dos anos 80, inclusive no Brasil. No "dark side" do romantismo estão os elementos estruturais dos góticos contemporâneos com suas roupas de cetim, veludo, couro, látex, sua pele pálida, olhos sombreados, cabelos negros com mechas vermelhas, violetas ou azuis, cruzes medievais, tatuagens tribais.

Apesar de sua origem *punk*, os góticos se diferenciam pela fascinação por magia e mundos fantásticos.

Surge oficialmente o dadá a 1º de fevereiro de 1916 com a fundação do Cabaré Voltaire, na Suíça, pelo poeta alemão Hugo Ball e a seguir o alsaciano Hans Harps e o romeno Tristan Tzara, pseudônimo de Samy Rosenstock. E também nos Estados Unidos, no mesmo ano, com Man Ray, Marcel Duchamp e Francis Picabia. A corrente se estendia por Zurique/Nova York/Berlim/Colônia/Hannover/Paris. O expressionismo alemão também será produto dessa reação à violência da guerra. Ocorre que se o cubismo e o futurismo e o expressionismo negavam os estilos anteriores, os dadaístas negavam não só o passado como a arte de seu tempo, negavam a política, a moral, a religião, a si mesmos e propunham inclusive a morte da arte.

Como movimento anarquista de caráter autodestrutivo, que levava a extremos a autoironia do alto romantismo, o dadá representou provocação, irreverência, rebeldia. Com a dissidência de Tzara com André Breton, este parte para a nomenclatura do surrealismo e dá força ao movimento a ponto de a posteridade às vezes esquecer que na verdade trata-se de uma dissidência do dadaísmo.

Os surrealistas gostam de considerar o já mencionado Arthur Cravan como seu precursor; no caso de Mário de Sá-Carneiro, Howens Post também lhe dá esse papel na poesia portuguesa. Na verdade, quando em carta de 3 de maio de 1913, Mário se refere a haver começado a escrever poemas *automaticamente,* está de fato se antecipando nada menos que em nove anos ao Manifesto Surrealista que consolida a chamada "escrita automática", com a qual também se identificam as notas de Cravan.

Em se tratando de Sá-Carneiro, já suas novelas demonstravam a radicalização do universo dos sonhos e da interioridade, numa linha entre o poema em prosa de Baudelaire e Rimbaud e a ficção lírica de Gerard Nerval. E em se tratando de poesia, como vimos, ele já praticava, de 1913 a 1916, aquilo que Breton e Philippe Soupault só irão nomear de "escrita automática" em 1919. Daí considerá-lo Howens Post um surrealista ao pé da letra, conjugando sua rica expressividade a uma espantosa observação analítica. Esses aspectos não são compreendidos com clareza nos estudos de uma literatura como a portuguesa, em que o surrealismo só vai surgir oficialmente com o grupo em torno de Mário Cesariny de Vasconcelos. Entretanto, não devemos esquecer aquela famosa observação, feita à época da Orpheu por um escritor estrangeiro: o surrealismo existe em Portugal, só que lá ele se chama modernismo.(!)

A leitura dos poemas de Mário de Sá-Carneiro comunica a experiência do êxtase própria das viagens alucinatórias; contagiando o leitor com sua atmosfera de embriaguez e visões sensoriais, a partir da expansão da consciência provocada por alterações da mente na busca de novos modos de sentir. Na verdade a poesia nele atua como expressão verbal da percepção onírica, na busca do extremo limite do humano, o transmundo.

É preciso que se diga claramente que desde o romantismo os artistas se serviram sem constrangimento do álcool, do absinto, do ópio e do haxixe para se elevarem a um estado propício à interpretação sensorial do mundo: tome-se como exemplo os sonetos de Baudelaire "A vida interior" (escrito sobre o efeito do haxixe) e "Le Poison" (escrito sob o efeito do ópio). É preciso que recordemos nitidamente que a geração de pós-guerra pregaria a obediência ao sangue e ao instinto; interessados no conhecimento do inconsciente, os autores se valem de todos os meios para devassá-lo – a tentação do abismo e a vertigem diante do eu subterrâneo tornam-se uma constante. Então também é preciso que se diga que a abertura a todas as sensações por um poeta implica no uso de estímulos que o levem ao transe, à iluminação, ao delírio. As experiências posteriores de Antony Artaud, Malcolm Lowry, Henry Michaux e Aldous Huxley representam um caminho para além dos limites impostos pela civilização, bem como para além das limitações impostas pelo corpo. Liberto das convenções e dos racionalismos, o poeta passa a ser a chave da sua criação espontânea.

É comum e banal procurar-se compreender a poesia através de suas estruturas formais. Por esse caminho nunca faltarão os que considerem Mário de Sá-Carneiro um poeta representante do decadentismo e simbolismo, tendo em vista que apenas no poema "Manucure" adotou o esquema dadaísta proposto por Tzara. Porque também os poetas simbolistas compunham seus poemas com vistas a obter da palavra a fluidez de uma atmosfera de viagem nos espaços interiores. Entretanto, o que se manifesta nos versos de Sá-Carneiro são relações radicalizadas de imagens bastante aproximadas às que só iriam surgir na metade do século XX, com as chamadas viagens psicodélicas que iriam se espalhar também pela música popular levando ao delírio o público, por exemplo, já nos anos 1970, de uma banda como Pink Floyd. Esse mergulho na terra de ninguém poderia significar uma viagem sem volta, quer pela morte física, quer pela loucura. O dadaísmo, o futurismo e o surrealismo iriam legitimar, do ponto de vista estético, esse tipo de experiência. Como lembra Maria José de Queiroz, os surrealistas recuperaram para a literatura as explorações interiores e as iluminações dos escritores malditos: atraídos pelos fenômenos oníricos ressuscitaram os românticos alemães e exumaram as obras de Nerval, Rimbaud e Lautréamont.

A diferença entre esse tipo de poesia e a outra, na linhagem do senso comum, reside na resistência, que ela demonstra à lógica da linguagem discursiva, tanto no estilo como na sintaxe, elegendo uma enunciação ao ritmo do inconsciente. As experiências com a linguagem são o interesse nuclear das vanguardas.

Como lembra Fernando Cabral Martins o suicídio é, no fim do século XX em Portugal, o último ato de artistas como Camilo, Antero, entre outros; e Unamuno em seu artigo "Um povo suicida", comenta que em Portugal ele é visto como um ato de paixão, um ato de bravura sublime; Cabral Martins também menciona Walter Benjamin quando diz que o suicídio não é uma renúncia mas uma paixão heroica; o crítico português relaciona essa temática do suicídio ao universo intertextual de que se constrói o modernismo, em que a originalidade é valor absoluto.

O temperamento dramático de Mário de Sá--Carneiro permeia toda a sua obra: não se deve esquecer que estreou culturalmente como ator ao tempo do Liceu, sendo hábito seu a frequentação dos teatros tanto nas viagens a Paris como nos tempos de Lisboa. O suicídio de Mário de Sá-Carneiro resulta naturalmente do desespero de qualquer estrangeiro que se encontre longe do seu país e sem dinheiro; suas próprias cartas confirmam essa observação. No entanto há nele algo que ultrapassa o pânico que lhe causava essa situação – e aí voltamos à conexão arte x vida dos românticos radicalizadas pelos dadaístas. É que a identidade do autor e da obra faz com que as ações biográficas complementem o sentido do texto literário, atuando como verdadeiro significante dentro da sintaxe.

Não importa, a esta altura, vasculhar obsessivamente questões de contexto social ou psicanalítico diante da poesia de Mário de Sá-Carneiro. Importa, sim, ler os seus versos com um encantamento por uma obra tão reduzida materialmente mas que representa na literatura portuguesa uma encruzilhada de tendências em uma síntese rara e paradigmática, uma experiência visionária que o coloca ao lado de todos os poetas que fizeram do sonho o seu projeto de vida.

Lucila Nogueira

CRONOLOGIA BREVE

1890. A 19 de maio, às três da tarde, no terceiro andar do prédio nº 92 da rua da Conceição ou dos Retroseiros, em plena baixa pombalina, nasce o poeta Mário de Sá-Carneiro. Seus pais eram primos, casaram-se a 3 de agosto de 1889 e se chamavam Águeda Maria de Sousa Peres Murinello de Sá Carneiro e Carlos Augusto de Sá Carneiro.

1892. Mário e a mãe adoecem de febre tifoide, morrendo esta a 11 de dezembro, com a idade de 23 anos. Salva-se o filho que vai crescer entre o pai e os avós paternos, José Paulino e Cacilda Victorina, mas sempre entregue aos cuidados de empregados e sem contato com os parentes maternos residentes no bairro da Graça, em Lisboa. Sua ama chamava-se Maria da Encarnação. Falecida Águeda, os Sá Carneiro deixaram de frequentar os Murinello.

1898. Nasce Ruy, o primeiro dos quatro filhos do avô e uma das preceptoras de Mário, Maria da Anunciação, estando ainda viva a avó Cacilda Victorina cuja morte só vem a ocorrer no ano seguinte. Os demais tios serão Vasco, Hugo e Edite. Com a morte da avó, dá-se o distanciamento do avô e da família que este constituíra.

Talvez tenha ocorrido, ao poeta, uma incapacidade de aceitar aqueles que considerava intrusos ou rivais, circunstâncias que podem ser traumatizantes quando interiorizadas por uma criança solitária e sensível. Assim, além de órfão de mãe, Sá-Carneiro se torna descentrado do ambiente familiar da casa do avô; passa então a ter uma superproteção material proporcionada pelo pai, mas sempre através de subalternos, crescendo em completo alheamento da realidade e mantendo sempre uma relação abstrata com o dinheiro, vítima de uma educação sem desenvolvimento da autonomia pessoal. Pois é nesse ano que o pai se muda da rua da Trindade, 13, onde se instalara há dois anos, para um andar no nº 59 da praça dos Restauradores, contratando uma preceptora para ensinar inglês e alemão ao filho, levando-o a passear e ensinando-lhe "boas maneiras".

1899. Manifesta tendências artísticas e interesse pela leitura, como atração pelo teatro, compondo peças que ensaia e representa em casa: na Quinta de Camarate distribuía os papéis entre a ama e os criados, representando sempre em cima de um poço, que o pai tinha mandado tapar para que brincasse sem correr perigo. Começa a frequentar as livrarias onde tem conta aberta em seu nome.

1900. Ingressa no Liceu do Carmo.

1901. Passa o Verão na Póvoa de Varzim, não demonstrando interesse pelos banhos de mar

e pela paisagem praieira. Pela vida afora, Sá-
-Carneiro privilegiará sempre os espaços públicos fechados – teatros e cafés – e as grandes cidades, em que Arte e Cultura se associam à Natureza, como Veneza e Paris. Frequenta o Liceu Central de Lisboa, que funcionava no Palácio Valadares, situado no Largo do Carmo, atual Escola Secundária Fernão Lopes. Reside a poucos metros, na travessa do Carmo, n° 1, 2° andar, edifício na esquina da rua Almirante Pessanha, recentemente demolido; nas imediações ficavam os principais teatros: D. Amélia (hoje São Luís), Ginásio, Trindade, o Maria II (Rossio) e o São Carlos. Sua grande aspiração passa a ser: ver representada uma peça de sua autoria.

1903. Primeiros versos de Mário de Sá-Carneiro conhecidos. Um dos poemas, "Quinta da Vitória", revela influência de Cesário Verde. Em Camarate passa as férias de verão com a ama e a preceptora.

1904. Novamente vai a Camarate, no mês de junho, enquanto o pai se encontra nos Estados Unidos. Em agosto, ambos vão a Paris e se instalam no Grand Hotel de Boulevard des Capucines, junto da Place de L'Opéra, no centro da Paris cosmopolita. Depois vão à Suíça, chegam a Lucerna e se hospedam no Lucernerhof; seguem a Roma e visitam Nápoles e o Vesúvio, conhecendo a seguir Veneza, cujas imagens permaneceriam nítidas para o poeta. Regressa a Paris no início de setembro, época que coincide com a reabertura dos teatros; durante duas semanas assistem a espetáculos no Gynnase, Varietés, Grand-Guignol, além de peças clássicas na Comédie Française ou Théatre-Français. Nessa idade, o poeta já é bastante crescido mas sem a gordura que o irá caracterizar; o pai observa nessa altura que Sá-Carneiro anda com dificuldade e não sabe se vestir sozinho. Em dezembro, inicia a publicação de um semanário satírico inspirado na vida escolar, *O Chinó*.

1905. O pai de Mário de Sá-Carneiro, em janeiro, retira os exemplares do posto de venda do *O Chinó* no quiosque do Largo do Carmo, por considerar ofensivos os versos com que eram caricaturados alguns professores do Liceu, destacadamente o gramático Cândido de Figueiredo. Traduz do francês os poemas "O Clarim", de Dérouléde, e um fragmento de Victor Hugo sobre Napoleão. Um grupo de amigos também interessados em teatro se reúne em torno de Mário na travessa do Carmo; um deles, Rogério Garcia Pérez assim o evoca adolescente: "o pai lhe satisfazia todos os caprichos, levando-o a Paris todos os anos e permitindo-lhe estar *à la page* com a literatura francesa, cujos *vient de paraitre* adquiria na Livraria Ferreira, da rua do Ouro, e na Mônaco, no Rossio, quando os não recebia diretamente, como as revistas e jornais de que era assinante. Alto, de movimentos descompassados, tinha então certa beleza física, que com os anos de gordura foi perdendo até lhe chamarem e chamar-se ele próprio "a grande ursa". Seu grande orgulho foram sempre as mãos papudas, mas de dedos esguios, que fazia tratar em manicures, então raras em Lisboa.

1906. Escreve monólogos em verso. Traduz Goethe, Heine, Schiller. Traduz o drama *Les Familes*, autorizada pelo autor François de Curel. Frequenta o Liceu de São Domingos, designação pela qual ficou conhecido o Liceu Nacional central da 1ª Zona Escolar de Lisboa, por funcionar no Palácio da Independência; para aí foram os alunos do Liceu do Carmo em outubro de 1905. Redige uma peça com dois personagens, *O vencido*, manuscrito que se encontra perdido; o drama foi encenado no fim do ano letivo 1905/1906. Aumenta seu interesse pela literatura; são seus autores preferidos Cesário Verde e António Nobre, entre os portugueses, e Baudelaire, Mallarmé, Dostoiévski e Edgar Allan Poe, entre os estrangeiros. Também admirava o astrônomo francês Camille Flammarion, autor de *A pluralidade dos mundos habitados* (1862). Escreve dois monólogos cômicos: "História comovente" e "O que querem que aqui faça?".

1907. Interpreta a seu próprio pedido o papel de Marquês de Montefior na peça *Don César de Bazan* espetáculo público no Teatro do ginásio com fins beneficentes. Também é de sua autoria "História da nossa festa", longo poema impresso no programa. Há uma fotografia na Ilustração

Portuguesa em que está trajado de mosqueteiro. Entre os atores está Luís Ramos, o futuro diretor da *Orpheu* sob o pseudônimo Luís de Montalvor, que haverá de editar as obras do amigo e companheiro de colégio. Escreve os poemas "A Cortesã", "A quem", e "Antítese".

1908. Interpreta o papel de Saturnino na peça *Zaragueta*, de Aza e Ramos Carrion, realizado pelo grupo em sarau de beneficência. Escreve em colaboração uma revista, *A morte da louca*, sob o pseudônimo Sircoanera (anagrama de Sá-Carneiro) junto com Tanka (seu grande amigo Thomaz Cabreira Júnior) e Quineles (não se sabe a identidade); desta revista só resta (incluído nos *Primeiros poemas*) o "Recitativo da Ginjinha", datado de fevereiro. Escreve o conto João Jacinto, biografia em que aborda o tema da tentativa do suicídio (antes do ocorrido com Thomaz Cabreira e que só será publicado em 1984). De agosto a dezembro colabora na revista *Azulejos* com quatro textos, dois poemas ("Monólogo à força" e "Musa galhofeira") e dois contos ("O caixão" e "Maria Augusta").

1909. Compõe um longo poema, "O estrume", título sugerido diretamente do poema de Cesário Verde "Nós", em dois versos que coloca como epígrafe. Inaugura-se o edifício do Liceu Camões e aí se instala o Liceu Central, que chamavam S. Domingos. Em dezembro desse ano, Sá-Carneiro e Thomaz Cabreira Júnior começam a escrever a peça *Amizade*, que vão terminar em abril do ano seguinte. Compõem os poemas leves e epigramáticos.

1910. A 20 de janeiro publica no jornal *O Século* o artigo "O eterno obstáculo", propondo a fundação da Associação dos Alunos do Liceu de Camões. Conclui a peça "Amizade".

1911. Faz conferência no Ginásio do Liceu, em sessão promovida pela Associação que propusera. Publica o monólogo "Beijos" no Almanaque dos Palcos e Salas para 1911, que revela influência de João de Deus e de Cesário. No dia 9 de janeiro, às 9h30 da manhã, no intervalo das aulas, seu amigo Thomaz Cabreira Júnior, apaixonado e colaborador como ele pelo teatro e coautor da peça amizade, dispara um tiro na cabeça em pleno prédio do Liceu. O poeta tinha em comum com o amigo tanto a orfandade como o crescimento entre empregados, e compensavam a falta de convívio familiar com a paixão pelo teatro e pela ficção.
Sá-Carneiro foi o encarregado de fazer participar de todas as aulas a ocorrência. Escreve em setembro e outubro o poema "A um suicida", dedicado à memória do colega, com 64 versos em catorze estrofes, que só haverá de ser publicado a 1º de outubro de 1951 na revista *Acto*. É aprovado com distinção no Curso Complementar de Letras. Matricula-se no curso de Direito em Coimbra no dia 31 de outubro; menos de um mês depois, a 19 de novembro, escreve ao pai a carta em que declara não

querer – "por não poder" – continuar nem em Coimbra, nem a estudar Direito, mostrando interesse pelo Curso de Letras. No requerimento ao Reitor da Universidade de Coimbra a 26 de outubro, usa pela primeira vez o hífen no sobrenome.

1912. Assiste como aluno ouvinte o Curso de Letras, no primeiro semestre. Funda a 1º de fevereiro a Sociedade dos Amadores Dramáticos. A entrevista publicada no dia 3 na *Folha da Tarde*, com citação de frases de Oscar Wilde, identifica o poeta; a 23 estreia o grupo da referida sociedade no clube Estefânia a peça "Amizade" de Mário de Sá-Carneiro e Thomaz Cabreira Júnior. Seu colega Rogério Pérez evocará o amigo a agradecer os aplausos: tímido, desajeitado, os enormes braços bamboleantes, sem saber onde os pôr. "Amizade" é editada em maio, assim como seu primeiro livro de novelas "Princípio"; os dois livros já com o hífen no sobrenome a individualizá-lo em relação aos familiares. Conhece jovens intelectuais que serão seus companheiros de *Orpheu* e com quem se reúne nos cafés da zona do Chiado e da Baixa Lisboeta. Conhece Fernando Pessoa; quando em 13 de outubro, vai a Paris estudar Direito na Sorbonne, estará entre os que comparecem à Estação do Rossio esse novo amigo e futuro dileto confidente. Instala-se no Hôtel Richmond, (rue du Helder, 11) próximo dos bulevares mudando-se em seguida para o Quartier Latin, no Grand Hotel du Globe, na rue Le L'Ecole, 50, a mesma onde residia, no 41, numa pensão de estudantes, o poeta português António Nobre, ali chegado no ano do nascimento de Mário, que o haveria de celebrar como "senhor feudal das torres de marfim". A 14 de novembro matricula--se em seis cadeiras da Faculdade de Direito mas nunca as conseguiu frequentar. Paris é seu refúgio, o cenário cosmopolita que lhe satisfaz as exigências estéticas e as inclinações requintadas; acostumara-se a estar ali desde as férias juvenis, nos cafés e restaurantes a escrever cartas e poemas nas esplanadas onde observava a multidão como o "flâneur" a que se refere Benjamim tratando de Baudelaire. Toma-se a si próprio como personagem e descobre-se poeta. Anda sempre com Guilherme de Santa-Rita, o Santa-Rita pintor, com quem muito se impressiona. O percurso parisiense de Sá-Carneiro vai evoluir durante quatro anos em três períodos de diferente duração intercalados com duas estadas em Portugal. Escreve a 2 de dezembro carta a Fernando Pessoa em que afirma: "quando eu medito horas no suicídio, o que trago disso é um doloroso pesar de *ter de morrer forçosamente um dia* mesmo que não me suicide". Escreve no último dia do ano carta também a Fernando Pessoa, em que revela esta frase em "O homem dos sonhos": "decididamente na vida anda tudo aos pares, como os sexos; diga-me, conhece alguma coisa mais desoladora do que isto de só haver dois sexos?".

1913. Convive com Santa-Rita Pintor. Escreve *Alma*, peça em parceria com Antonio Ponce de Leão.

Escreve a 20 de janeiro (em francês) uma declaração de amor (acompanhando o livro *Princípio*) a uma bailarina que encarnou para ele a beleza: "sob a luz elétrica eu a vi surgir como uma personagem de sonho"; dias depois, nova carta em que a declara sua musa inspiradora: tratava-se possivelmente de Mado Minty, sobre cuja dança escreve "Bailado". Sentencia em carta a Fernando Pessoa de 21 de janeiro; "abomino o álcool. Não fumo. Não jogo. Não me maculo de morfina ou cocaína. O absinto sabe-me mal. Janto todos os dias a horas diferentes em restaurantes diversos. Como pratos variados. Ora me deito às 3 da manhã, ora às 9 da noite. Sou incapaz de ter horas para coisa alguma, de ter hábitos. E é por isso que não fumo, que não bebo etc. Os vícios são hábitos, apenas maus hábitos. Eu sou tão resistente aos hábitos que estou couraçado de aço fantástico para os vícios. Nunca poderei ser um viciado da mesma forma que nunca serei um homem regrado. É nessa mesma carta que refere: "se eu começo a beber um copo de fel, hei de forçosamente bebê-lo até o fim". Em fevereiro assiste na Comédie Française à representação de *Antony*, drama de Alexandre Dumas, marco do velho romantismo (1831). Nesse mesmo mês ainda envia, de Paris, a Pessoa o seu primeiro poema lá escrito "Simplesmente", com influência de Cesário Verde. Publica no final do ano "A confissão de Lúcio", mas com a data do ano seguinte; em carta de 31 de maio declara a Fernando Pessoa a gênese desta no poema "Como eu não possuo", um dos doze que compõem a primeira coletânea de poesia *Dispersão*, especificamente na quadra *"Não sou amigo de ninguém. P'ra o ser / Forçoso me era antes possuir / Quem eu estimasse – ou homem ou mulher. / E eu não topo nunca possuir!..."* Publica *Dispersão*, também com data do ano seguinte. A 3 de maio, em carta a Fernando Pessoa revelara: "sem saber como havia de passar o tempo pus-me a fazer bonecos num papel... e de súbito comecei a escrever versos, mas como que automaticamente. A 11 de maio envia ao amigo dois poemas: "Álcool" (ainda com o título de "Bebedeira") e "Estátua falsa".

1914. Convive quinze dias com o pai em Paris, antes que este siga a Lourenço Marques para ocupar o cargo de Diretor do Porto e da Companhia de Caminhos de Ferro de Moçambique. Lamenta, em agosto, as grandes lojas fechadas, os cafés apagados em uma Paris atônita, apavorada e deserta pela guerra; parte para Barcelona e fica fascinado com a Catedral da Sagrada Família, de Gaudi, que considera "páulica". Deixa Barcelona em setembro e passa outubro na Quinta da Vitória; no fim do mês volta para Lisboa e se instala na casa do pai (praça dos Restauradores), habitada apenas pela velha ama e por aquela que será sua madrasta. Convive assiduamente com os poetas que formarão o grupo da *Orpheu* nos cafés da Baixa e do Chiado – Martinho, Montanha, Arcada, A Brasileira, além do restaurante Irmãos Unidos e da Cervejaria Jansen; serão organizados os dois primeiros e únicos números publicados da revista – o primeiro em março do ano seguinte (1915) e o segundo em junho do mesmo ano; essas edições serão custeadas integralmente pelo pai de Sá-Carneiro, que tornou possível assim a manifestação do primeiro modernismo português. A 13 de julho escreve carta a Fernando Pessoa em que, após declarar "hoje sou o embalsamamento de mim próprio", afirma ter andado na vida para "ser o principal personagem de mim próprio, que hoje já não posso ser, porque sei o papel de cor", acrescentando: "depois eu sou uma criança e a criança vê hoje sua idade terminada... depois da partida do meu pai para a África, da casa desfeita, terminada em ilusão: nunca mais terei quem arrume a minha roupa nas gavetas e quem de noite me aconchegue a roupa... alguém que me faça isto e tenha assistido à minha infância". A 1º de agosto envia a Pessoa uma carta mencionando o clima da guerra em Paris; em outra carta de agosto reclama de Pessoa a falta de notícias: "estou muito preocupado, muito enervado com o seu inexplicável silêncio de há mais de 15 dias!... Eu não me zango com você por ainda não ter recebido o dinheiro apesar da falta que ele me faz. Zango-me apenas – e muito – pela sua inadmissível falta de notícias. Tenho recebido cartas de Lisboa apenas com um dia de atraso – e ainda há quatro dias recebi uma carta do Guisado, também quase sem atraso. Assim não lhe posso desculpar o seu silêncio.

Creia que o meu querido Amigo me tem feito mal – e sobretudo tem sido *injusto* para comigo... Imploro-lhe como um dever. Ofender-me-ia muito se continuasse sem me dar notícias suas.". Deixa Barcelona a 8 de setembro, reencontra-se com Pessoa em Lisboa e passa o mês de outubro na Quinta da Vitória. Ocupa-se em escrever poemas para "Indícios de Ouro" e a novela "Asas". Fica em Lisboa na última casa que o pai alugou antes de partir para a África; o número 78 da praça dos Restauradores, onde reside agora a segunda mulher do pai, Maria Cardoso. Contudo, muda-se depois para o Hotel Aliança, no Chiado.

1915. Tendo como diretores Ronald de Carvalho e Luís de Montalvor, é lançada a revista *Orpheu*, que provoca escândalo. Seus poetas são considerados paranoicos e Júlio Dantas a considera "poesia de loucos". Publica *Céu em fogo* no jornal de abril; em julho sai o segundo número da *Orpheu*, já tendo como diretores Fernando Pessoa e Mário de Sá-Carneiro. A 11 de junho, regressa a Paris, passando por San Sebastien. Em agosto, se instala no hotel de Nice (rue Victor Massé). Comunica a Fernando Pessoa a improbabilidade de seu pai Carlos Augusto bancar a edição do número 3 da *Orpheu*.

1916. Conhece no Café Cyrano da Place Blanche uma mulher de nome Renée (ou Hélène) com quem passa a conviver e que chega a ajudá-lo economicamente. Avisa em carta a Fernando

Pessoa que irá se jogar por baixo de um trem; várias de suas cartas referem problemas com dinheiro; o pai está em Moçambique e há problemas na remessa bancária por causa da guerra; Sá-Carneiro não tem o hábito da luta pela sobrevivência material; refere-se a também em cartas "estar doido", rogando que tenham muita pena dele; é espantosa a indiferença familiar diante de sua situação. Envia a Fernando Pessoa seu caderno de poesias e se suicida com cinco frascos de arseniato de estricnina a 26 de abril às 8h da noite no hotel Nice. O amigo José Araújo, a quem convidara para assistir à sua morte, ainda tenta socorrê-lo, mas em vão. O efeito da substância química faz seu corpo inchar tanto que quase não cabe no caixão. É enterrado três dias depois, a 29 de abril no cemitério de Pantin, cova alugada por cinco anos por José Araújo. O amigo também de Paris Carlos Ferreira (posteriormente ingressa no corpo diplomático) deseja pagar uma lápide onde estivessem os títulos das obras do poeta. A sepultura desaparecerá em 1949, após cinco renovações de aluguel; o pai de Sá-Carneiro morre no dia 6 de junho de 1952. As cartas de Fernando Pessoa ao Hotel de Nice desapareceram. Deixadas inicialmente como penhora na mala onde ficaram objetos do poeta (estava devendo hospedagem ao hotel), não foram – é claro encontradas pelo pai quando doze anos depois, em 1928, viaja a Paris. Notícia publicada no Diário de Lisboa em 1924 leva à dedução que a última parte da correspondência de

Mário de Sá-Carneiro tenha mesmo ficado com Carlos Ferreira; algumas das cartas anteriores a 1915 teriam sido vistas por familiares do poeta. Ferreira inclusive teria dito a Fernando Pessoa que estava com material suficiente para escrever uma biografia completa de Mário de Sá-Carneiro. A morte de Mário de Sá-Carneiro continua a averbar na sua certidão de nascimento. Os arquivos parisienses também não a registraram em documento que fosse enviado a Lisboa. Em Portugal, oficialmente, o poeta continua vivo.

POEMAS

Nem ópio nem morfina
Foi álcool mais raro e penetrante:
É só de mim que ando delirante –
Manhã tão forte que me anoiteceu

CAPÍTULO I

7

Eu não sou eu nem sou o outro,
Sou qualquer coisa de intermédio:
Pilar da ponte de tédio
Que vai de mim para o Outro.

Lisboa, fevereiro de 1914

O PAJEM

Sozinho de brancura, eu vago – Asa
De rendas que entre cardos só flutua...
– Triste de Mim, que vim de Alma pra rua,
E nunca a poderei deixar em casa...

Paris, novembro de 1915

A MINHA ALMA, FUGIA PELA TORRE EIFFEL ACIMA

A minha Alma, fugiu pela torre Eiffel acima,
– A verdade é esta, não nos criemos mais ilusões
– Fugiu, mas foi apanhada pela antena da TSF
Que a transmitiu pelo infinito em ondas hertzianas...
(Em todo o caso que belo fim para a minha Alma)!...

Agosto de 1915

EPÍGRAFE

A sala do castelo é deserta e espelhada.
Tenho medo de mim. Quem sou? De onde cheguei?...
Aqui, tudo já foi... Em sombra estilizada,
A cor morreu – e até o ar é um ruína...
Vem de Outro tempo a luz que me ilumina –
Um som opaco me dilui em Rei...

ANTO

Caprichos de lilás, febres esguias,
Enlevos de Ópio – Íris-abandono...
Saudades de luar, timbres de Outono,
Cristal de essências langues, fugidias...

O pajem débil das ternuras de cetim,
O friorento das carícias magoadas;
O príncipe das Ilhas transtornadas –
Senhor feudal das Torres de marfim...

Lisboa, 14 de fevereiro de 1915

DE REPENTE A MINHA VIDA

... De repente a minha vida
Sumiu-se pela valeta...
Melhor deixá-la esquecida
No fundo duma gaveta...

(Se eu apagasse as lanternas
Para que ninguém mais me visse,
E a minha vida fugisse
Com o rabinho entre as pernas?...)

Novembro, 1915

FIM

Quando eu morrer batam em latas,
Rompam aos berros e aos pinotes –
Façam estalar no ar chicotes,
Chamem palhaços e acrobatas.

Que o meu caixão vá sobre um burro
Ajaezado à andaluza:
A um morto nada se recusa,
E eu quero por força ir de burro...

Paris, 1916

CAPÍTULO II

FEMININA

Eu queria ser mulher pra me poder estender
Ao lado dos meus amigos, nas "banquettes" dos cafés.
Eu queria ser mulher para poder estender
Pó de arroz pelo meu rosto, diante de todos, nos cafés.

Eu queria ser mulher pra não ter que pensar na vida
E conhecer muitos velhos a quem pedisse dinheiro –
Eu queria ser mulher para passar o dia inteiro
A falar de modas e a fazer "potins" – muito entretida.

Eu queria ser mulher para mexer nos meus seios
e aguçá-los ao espelho, antes de me deitar –
Eu queria ser mulher para que me fossem bem estes
                                                [enleios,
que num homem, francamente, não se podem desculpar.

Eu queria ser mulher para ter muitos amantes
e enganá-los a todos – mesmo ao predilecto –
Como eu gostava de enganar o meu amante loiro, o
                                                [mais esbelto,
com um rapaz gordo e feio, de modos extravagantes...

Eu queria ser mulher para excitar quem me olhasse,
Eu queria ser mulher para me poder recusar...

Paris, fevereiro de 1916

ESTÁTUA FALSA

Só de ouro falso os meus olhos se douram;
Sou esfinge sem mistério no poente.
A tristeza das coisas que não foram
Na minh'alma desceu veladamente.

Na minha dor quebram-se espadas de ânsia,
Gomos de luz em treva se misturam.
As sombras que eu dimano não perduram,
Como Ontem, para mim, Hoje é distância.

Já não estremeço em face do segredo;
Nada me aloira já, nada me aterra:
A vida corre sobre mim em guerra,
E nem sequer um arrepio de medo!

Sou estrela ébria que perdeu os céus,
Sereia louca que deixou o mar;
Sou tempo prestes a ruir sem deus,
Estátua falsa ainda erguida ao ar...

Paris, 5 de maio de 1913

A QUEDA

E eu que sou o rei de toda esta incoerência
Eu próprio turbilhão, anseio por fixá-la
E giro até partir... Mas tudo me resvala
Em bruma e sonolência.

Se acaso em minhas mãos fica um pedaço d'ouro,
Volve-se logo falso... ao longe o arremesso...
Eu morro de desdém em frente dum tesouro,
Morro à míngua, de excesso.

Alteio-me na cor à força de quebranto,
Estendo os braços d'alma – e nem um espasmo venço!...
Peneiro-me na sombra – em nada me condenso...
Agonias de luz eu vibro ainda entanto.

Não me pude vencer, mas posso-me esmagar,
– Vencer às vezes é o mesmo que tombar –
E como inda sou luz, num grande retrocesso,
Em raivas ideais, ascendo até o fim:
Olho do alto o gelo, ao gelo me arremesso...

....

Tombei...

        E fico só esmagado sobre mim!...

Paris, 8 de maio de 1913

O RESGATE

A última ilusão foi partir os espelhos –
E nas salas ducais, os frisos de esculturas
Desfizeram-se em pó... Todas as bordaduras
Caíram de repente aos reposteiros velhos.

Atônito, parei na grande escadaria
Olhando as destroçadas, imperiais riquezas...
Dos lustres de cristal – as velas de ouro, acesas,
Quebravam-se também sobre a tapeçaria...

Rasgavam-se cetins, abatiam-se escudos;
Estalavam de cor os grifos dos ornatos.
Pelas molduras de honra, os lendários retratos
Sumiam-se de medo, a roçagar veludos...

Doido! Trazer ali os meus desdéns crispados!...
Tectos e frescos, pouco a pouco enegreciam;
Panos de Arras do que não-Fui emurcheciam –
Velavam-se os brasões, subitamente errados...

Então, eu mesmo fui trancar todas as portas;
Fechei-me a Bronze eterno em meus salões ruídos...
– Se arranham o meu despeito entre vidros partidos,
Estilizei em Mim as douraduras mortas!

Camarate, outubro de 1914

TACITURNO

Há oiro marchetado em mim, a pedras raras,
Oiro sinistro em sons de bronzes medievais –
Joia profunda a minha alma a luzes caras,
Cibório triangular de ritos infernais.

No meu mundo interior cerraram-se as armaduras,
Capacetes de ferro esmagaram Princesas.
Toda uma estirpe real de heróis de outras bravuras
Em Mim se despojou dos seus brasões e presas.

Heráldicas-luar sobre ímpetos de rubro,
Humilhações a lis, desforços de brocado;
Basílicas de tédio, arneses de crispado,
Insígnias de Ilusão, troféus de jaspe e Outubro...

A ponte levadiça e baça de Eu-ter-sido
Enferrujou – embalde a tentarão descer...
Sobre fossos de Vago, ameias de inda-querer –
Manhãs de armas ainda em arraiais de olvido...

Percorro-me em salões sem janelas nem portas,
Longas salas de trono de espessas densidades,
Onde os panos de Arras são esgarçadas saudades,
E os divãs, em redor, ânsias lassas, absortas...

Há roxos fins de Império em meu renunciar –
Caprichos de cetim do meu desdém Astral....
Há exéquias de heróis na minha dor feudal –
E os meus remorsos são terraços sobre o Mar...

Paris, agosto de 1914

ÂNGULO

Aonde irei neste sem-fim perdido,
Neste mar oco de certezas mortas? –
Fingidas, afinal, todas as portas
Que no dique julguei ter construído...

– Barcaças dos meus ímpetos tigrados,
Que oceano vos dormiram de Segredo?
Partiste-vos, transportes encantados,
De embate, em alma ao roxo, a que rochedo?...

– Ó nau de festa, ó ruiva de aventura
Onde, em Champanhe, a minha ânsia ia,
Quebraste-vos também ou, por ventura,
Fundeaste a Ouro em portos de alquimia?...

....
....

Chegaram à baia os galeões
Com as sete Princesas que morreram.
Regatas de luar não se correram...
As bandeiras velaram-se, orações...

Detive-me na ponte, debruçado,
Mas a ponte era falsa – e derradeira.
Segui no cais. O cais era abaulado,
Cais fingido sem mar à sua beira...

– Por sobre o que Eu não sou há grandes pontes
Que um outro, só metade, quer passar
Em miragem de falsos horizontes –
Um outro que eu não posso acorrentar...

Barcelona, setembro de 1914

ÁLCOOL

Guilhotinas, pelouros e castelos
Resvalavam longemente em procissão;
volteiam-se crepúsculos amarelos,
Mordidos, doentios de roxidão.

Batem asas de auréola aos meus ouvidos,
Grifam-me sons de cor e de perfumes,
Ferem-me os olhos turbilhões de gumes.
Descem-me a alma, sangram-me os sentidos.

Respiro-me no ar que ao longe vem,
Da luz que me ilumina participo;
Quero reunir-me, e todo me dissipo –
Luto, estrebucho... Em vão! Silvo pra além...

Corro em volta de mim sem me encontrar...
Tudo oscila e se abate como espuma...
Um disco de ouro surge a voltear...
Fecho meu olhos com pavor da bruma...

Que droga foi que me inoculei?
Ópio de inferno em vez de paraíso?...
Que sortilégio a mim próprio lancei?
Como é que em dor genial eu me eternizo?

Nem ópio nem morfina. O que me ardeu,
Foi álcool mais raro e penetrante:
E só de mim que ando delirante –
Manhã tão forte que me anoiteceu.

Paris, 4 de maio de 1913

CAPÍTULO III

CRISE LAMENTÁVEL

Gostava tanto de mexer na vida,
De ser quem sou – mas de poder tocar-lhe...
E não há forma: cada vez perdida
Mais destreza de saber pegar-lhe.

Viver em casa como toda a gente
Não ter juízo nos meus livros – mas
Chegar ao fim do mês sempre com as
Despesas pagas religiosamente

Não ter receio de seguir pequenas
E convidá-las para me pôr nelas –
À minha Torre ebúrnea abrir janelas,
Numa palavra, e não fazer mais cenas.

Ter força um dia pra quebrar as roscas
Desta engrenagem que empenando vai.
– Não mandar telegramas ao meu Pai,
– Não andar por Paris, como ando, às moscas.

Levantar-me e sair – não precisar
De hora e meia antes de vir pra rua.
– Pôr temo a isto de viver na lua,
– Perder a frousse das correntes de ar.

Não estar sempre a bulir, a quebrar coisas
Por casa dos amigos que frequento –
Não me embrenhar por histórias melindrosas
Que em fantasia apenas argumento

Que tudo em mim é fantasia alada,
Um crime ou bem que nunca se comete:
E sempre o Oiro em chumbo se derrete
Por meu Azar ou minha Zoina suada...

Paris, janeiro de 1916

QUASE

Um pouco mais de sol – eu era brasa.
Um pouco mais de azul – eu era além.
Pra atingir, faltou-me um golpe de asa...
Se ao menos eu permanecesse aquém...

Assombro ou paz? Em vão... Tudo esvaído
Num baixo mar enganador d'espuma;
E o grande sonho despertado em bruma,
O grande sonho – ó dor! – quase vivido...

Quase o amor, quase o triunfo e a chama,
Quase o princípio e o fim – quase a expansão...
Mas na minh'alma tudo se derrama...
Entanto nada foi só ilusão!

De tudo houve um começo... e tudo errou...
– Ai a dor de ser quase, dor sem-fim... –
Eu falhei-me entre os mais, falhei em mim,
Asa que se enlaçou mas não voou...

Momentos de alma que desbaratei...
Templos aonde nunca pus um altar...
Rios que perdi sem os levar ao mar...
Ânsias que foram mas que não fixei...

Se me vagueio, encontro só indícios...
Ogivas para o sol – vejo-as cerradas;
E mãos de herói, sem fé, acobardadas,
Puseram grades sobre os precipícios...

Num ímpeto difuso de quebranto,
Tudo encetei e nada possuí...
Hoje, de mim, só resta o desencanto
Das coisas que beijei mas não vivi...
....
....

Um pouco mais de sol – eu era brasa.
Um pouco mais de azul – eu era além.
Pra atingir, faltou-me um golpe de asa...
Se ao menos eu permanecesse aquém...

Paris, 13 de maio de 1913

DISTANTE MELODIA

Num sonho de Íris, morto a ouro e brasa,
Vêm-me lembranças doutro Tempo Azul
Que me oscilava entre véus de tule –
Um tempo esguio e leve, um tempo-Asa.

Então os meus sentidos eram cores,
Nasciam num jardim as minhas Ânsias,
Havia na minha alma Outras Distâncias –
Distâncias que os seguí-las era flores...

Caía Ouro se pensava Estrelas,
O luar batia sobre o meu alhear-me...
– Noites-lagoas, como éreis belas
Sob terraços-lis de recordar-Me!...

Idade acorde de Inter-sonho e Lua,
Onde as horas corriam sempre jade,
Onde a neblina era uma saudade,
E a luz – anseios de Princesa nua...

Balaústres de som, arcos de Amar,
Pontes de brilho, ogivas de perfume...
Domínio inexprimível de Ópio e lume
Que nunca mais, em cor, hei-de habitar...

Tapetes de outras Pérsias mais Oriente,
Cortinados de Chinas mais marfim,
Áureos Templos de ritos de cetim,
Fontes correndo sombra, mansamente...

Zimbórios-panteões de nostalgias,
Catedrais de Ser-Eu por sobre o mar...
Escadas de honra, escadas só, ao ar...
Novas Bizâncios-Alma, outras Turquias...

Lembranças fluidas... cinza de brocado...
Irrealidade anil que em mim ondeia...
– Ao meu redor eu sou Rei exilado,
Vagabundo dum sonho de sereia...

Paris, 30 de junho de 1914

COMO EU NÃO POSSUO

Olho em volta de mim. Todos possuem –
Um afeto, um sorriso ou um abraço.
Só para mim as ânsias se diluem
E não possuo mesmo quando enlaço.

Roça por mim, em longe a teoria
Dos espasmos golfados ruivamente;
São êxtases da cor que eu fremiria,
Mas a minh'alma para e não os sente!

Quero sentir. Não sei... perco-me todo...
Não posso afeiçoar-me nem ser eu:
Falta-me egoísmo pra ascender ao céu,
Falta-me unção pra me afundar no lodo.

Não sou amigo de ninguém. Pra o ser
– Forçoso me era antes possuir
Quem eu estimasse – ou homem ou mulher,
E eu não logro nunca possuir!...

Castrado de alma e sem saber fixar-me,
Tarde a tarde na minha dor me afundo...
Serei um emigrado doutro mundo
Que nem na minha dor posso encontrar-me?...

Como eu desejo a que ali vai na rua,
Tão ágil, tão agreste, tão de amor...
Como eu quisera emaranhá-la nua,
Bebê-la em espasmos d'harmonia e cor!...

Desejo errado... Se a tivera um dia,
Toda sem véus, a carne estilizada
Sob meu corpo arfando tranbordada,
Nem mesmo assim – ó ânsia! – eu a teria...

Eu vibraria só agonizante
Sobre o seu corpo de êxtases dourados,
Se fosse aqueles seios transtornados,
Se fosse aquele sexo aglutinante...

De embate ao meu amor todo me ruo,
E vejo-me em destroço até vencendo:
É que eu teria só, sentindo e sendo
Aquilo que estrebucho e não possuo.

Paris, maio de 1913

ESCALA

Oh!, regressar a mim profundamente
E ser o que já fui no meu delírio...
– Vá, que se abra de novo o grande lírio,
Tombem miosótis em cristal e Oriente!

Cinja-me de novo a grande esperança,
E de novo me timbre a grande Lua!
Eia! que empunhe com outrora a lança
E a espada de Astros – ilusória e nua!

Rompa a fanfarra atrás do funeral!
Que se abra o poço de marfim e jade!
– Vamos! é tempo de partir a Grade!
Corra o palácio inteiro o vendaval!

Nem portas nem janelas, como dantes:
A chuva, o vento, o sol – e eu, a Estátua!
Que me nimbe de novo a auréola de fátua –
Tirano medieval de Oiros distantes.

E o Príncipe sonâmbulo do Sul,
O Doge de Venezas escondidas,
O chaveiro das Torres poluídas,
O mítico Rajá de Índias de tule –

Me erga imperial, em pasmo e arrogância,
Toldado de luar – cintil de arfejos:
Imaginário de carmim e beijos,
Pierrot de fogo a cabriolar Distância.

Num entardecer as esfinges de Ouro e mágoa
Que se prolongue o Cais de me cismar –
Que ressurja o terraço à beira-mar
De me iludir em Rei de Pérsias de água.

É tempo ainda de realçar-me a espelhos,
Travar mistérios, influir Destaque.
Vamos! por terra os reposteiros velhos –
Novos brocados para o novo ataque!

Torne-se a abrir o Harém em festival,
(Harém de gaze – e as odaliscas, seda)...
Que se embandeire em mim o Arraial,
 Haja bailes de Mim pela alameda!...

Rufem tambores, colem-se os cartazes –
Gire a tômbola, o carrossel comece!
Vou de novo lançar-me na quermesse:
– Saltimbanco, que a feira toda arrases!

Eh-lá! mistura os sons com os perfumes,
Disparata de cor, guincha de luz!
Amontoa no palco os corpos nus,
Tudo alvoroça em malabares de lumes!

Recama-te de Anil e destempero,
Tem Coragem – em mira o grande salto!
Ascende! Tomba! Que te importa? Falto
Eu, acaso?... – Ânimo! Lá te espero.

Que nada mais te importe. Ah! Segue em frente
Ó meu Rei-lua o teu destino dúbio:
E sê o timbre, sê o oiro, o eflúvio,
O arco, a zona – o Sinal do Oriente!

Paris, junho de 1915

PARTIDA

Ao ver escoar-se a vida humanamente
Em suas águas certas, eu hesito,
E detenho-me às vezes na torrente
Das coisas geniais em que medito.

Afronta-me um desejo de fugir
Ao mistério que é meu e me seduz.
Mas logo me triunfo. A sua luz
Não há muitos que saibam refletir.

A minh'alma nostálgica de além,
Cheia de orgulho, ensombra-se entretanto,
Aos meus olhos ungidos sobe um pranto
Que tenho a força de sumir também.

Porque eu reajo. A vida, a natureza,
Que são para o artista? Coisa alguma.
O que devemos é saltar na bruma,
Correr no azul à busca da beleza.

É subir, é subir além dos céus
Que as nossas almas só acumularam,
E prostrados rezar, em sonho, ao Deus
Que as nossas mãos de auréola lá douraram.

É partir sem temor contra a montanha
Cingidos de quimera e de irreal;
Brandir a espada fulva e medieval,
A cada hora acastelando em Espanha.

É suscitar cores endoidecidas,
Ser garra imperial enclavinhada,
E numa extrema-unção de alma ampliada,
Viajar outros sentidos, outras vidas.

Ser coluna de fuma, astro perdido,
Forçar os turbilhões aladamente,
Ser ramo de palmeira, água nascente
E arco de ouro e chama distendido...

Asa longínqua a sacudir loucura,
Nuvem precoce de sutil vapor,
Ânsia revolta de mistério e olor,
Sombra, vertigem, ascensão – Altura!

E eu dou-me todo neste fim de tarde
À espira aérea que me eleva aos cumes.
Doido de esfinges o horizonte arde,
Mas fico ileso entre clarões e gumes!...

Miragem roxa de nimbado encanto –
Sinto os meus olhos a volver-se em espaço!
Alastro, venço, chego e ultrapasso;
Sou labirinto, sou licorne e acanto.

Sei a Distância, compreendo o ar;
Sou chuva de ouro e sou espasmo de luz;
Sou taça de cristal lançada ao mar,
Diadema e timbre, elmo real e cruz...

....
....

O bando das quimeras longe assoma...
Que apoteose imensa pelos céus!
A cor já não é cor – é som e aroma!
Vêm-me saudades de ter sido Deus...

Ao triunfo maior, avante pois!
O meu destino é outro – é alto e é raro.
Unicamente custa muito caro:
A tristeza de nunca sermos dois...

Paris, fevereiro de 1913

NÃO

Longes se aglomeram
Em torno aos meu sentidos,
Nos quais prevejo erguidos
Paços reais de mistérios.

Cinjo-me de cor,
E parto a demandar
Tudo é Oiro em meu rastro –
Poeira de amor...

Adivinho alabastro...
Detenho-me em luar...

Lá se ergue o castelo
Amarelo do medo
Que eu tinha previsto:
As portas abertas,
Lacaios parados,
As luzes, desertas –
Janelas incertas
Torreões sepulcrados...

Vitória! Vitória!
Mistério é riqueza –
E o medo é Mistério!...

Ó paços reais encantados
Dos meus sentidos doirados,
Minha glória, minha beleza!

(– Se tudo quanto é doirado
Fosse sempre um cemitério?...)
Heráldico de Mim,
Transponho liturgias...

Arrojo-me a entrar
Nos Paços que alteei.
Quero depor o Rei
Para lá me coroar.

Ninguém me veda a entrada,
Ascendo a Escadaria –
Tudo é sombra parada,
Silêncio, luz fria...

Ruiva, sala o trono
Ecoa roxa a meus passos.
Sonho os degraus do trono –
E o trono cai feito em pedaços...

Deixo a sala imperial,
Corro nas galerias,
Debruço-me às gelosias –
Nenhuma deita pra jardins...

Os espelhos são cisternas –
Os candelabros
Estão todos quebrados...
Vagueio o palácio inteiro,
Chego ao fim dos salões...
Enfim, oscilo alguém!
Encontro uma Rainha,
Velha, entrevadinha,
A que vigiam dragões...
E acordo...
Choro por mim... Como fui louco...
Afinal,
Neste Palácio Real
Que os meus sentidos ergueram,
Ai, as cores nunca vieram...
Morre só uma Rainha,
Entrevada, sequinha,
Embora a guardem dragões...

....
....

– A Rainha velha é minha Alma – exangue...
– O paço Real o meu gênio...
– E os dragões são o meu sangue...

(Se a minha alma fosse uma Princesa nua
 E debochada e linda...)

Lisboa, 14 de dezembro de 1913

CAPÍTULO IV

AQUELOUTRO

O dúbio mascarado o mentiroso
Afinal, que passou na vida incógnito
O Rei-lua postiço, o falso atônito;
Bem no fundo o covarde rigoroso.

Em vez de Pajem bobo presunçoso.
Sua Alma de neve asco de um vómito.
Seu ânimo cantado como indômito
Um lacaio invertido e pressuroso.

O sem nervos nem ânsia – o papa-açorda,
(Seu coração talvez movido a corda...)
Apesar de seus berros ao Ideal

O corrido, o raimoso, o desleal
O balofo arrotando Império astral
O mago sem condão, o esfinge Gorda.

Paris, fevereiro de 1916

SALOMÉ

Insônia roxa. A luz a virgular-se em medo,
Luz morta de luar, mais Alma do que a lua...
Ela dança, ela range. A carne, álcool de nua,
Alastra-se pra mim num espasmo de segredo...

Tudo é capricho ao seu redor, em sombras fátuas...
O aroma endoideceu, upou-se em cor, quebrou...
Tenho frio... Alabastro!... A minha Alma parou...
E o seu corpo resvala a projetar estátuas...

Ela chama-me em Íris. Nimba-se a perder-me,
Golfa-me os seios nus, ecoa-me em quebranto...
Timbres, elmos, punhais... A doida quer morrer-me:

Mordoura-se a chorar – há sexos no seu pranto...
Ergo-me em som, oscilo, e parto e vou arder-me
Na boca imperial que humanizou um Santo...

Lisboa, 3 de novembro de 1913

CERTA VOZ NA NOITE, RUIVAMENTE

Esquivo sortilégio o dessa voz, opiada
Em sons cor de amaranto, às noites de incerteza,
Que eu lembro não sei de Onde – A voz duma Princesa
Bailando meia nua entre clarões e Espada.

Leonina, ela arremessa a carne arroxeada;
E bêbada de Si, arfante de beleza,
Acera os seios nus, descobre o sexo... Reza
O espasmo que a estrebucha em Alma copulada...

Entanto nunca a vi mesmo em visão. Somente
A sua voz afulcra ao meu lembrar-me. Assim
Não lhe desejo a carne – a carne inexistente...

É só de voz-em-cio a bailadeira astral –
E nessa voz Estátua, ah! nessa voz-total,
É que eu sonho esvair-me em vícios de marfim...

Lisboa, 31 de janeiro de 1914

ESCAVAÇÃO

Numa ânsia de ter alguma coisa,
Divago por mim mesmo a procurar,
Desço-me todo, em vão, sem nada achar,
E a minh'alma perdida não repousa.

Nada tendo, decido-me a criar:
Brando a espada: sou luz harmoniosa
E chama genial que tudo ousa
Unicamente à força de sonhar...

Mas a vitória fulva esvai-se logo...
E cinzas, cinzas só, em vez de fogo...
– Onde existo que não existo em mim?

....
....

Um cemitério falso sem ossadas,
Noites d'amor sem bocas esmagadas –
Tudo outro espasmo que princípio ou fim...

Paris, 3 de maio de 1913

APOTEOSE

Mastros quebrados, singro num mar de Ouro
Dormindo fogo, incerto, longemente...
Tudo se me igualou num sonho rente,
E em metade de mim hoje só morro...

São tristezas de bronze as que inda choro –
Pilastras mortas, mármores ao Poente...
Lajearam-se-me as ânsias brancamente
Por claustros falsos onde nunca oro...

Desci de mim. Dobrei o manto de astro,
Quebrei a taça de cristal e espanto,
Talhei em sombra o Oiro do meu rastro...

Findei... Horas-platina... Olor-brocado...
Luar-ânsia... Luz-perdão... Orquídeas-pranto...
....
– Ó pântanos de Mim – jardim estagnado...

Paris, 28 de junho de 1914

PIED-DE-NEZ

Lá anda a minha Dor às cambalhotas
No salão de vermelho atapetado –
Meu cetim de ternura engordurado,
Rendas da minha ânsia todas rotas...

O Erro sempre a rir-me em destrambelho –
Falso mistério, mas que não se abrange...
Doa antigo armário que agoirento range,
Minha alma atual o esverdinhado espelho...

Chora em mim um palhaço às piruetas;
O meu castelo em Espanha, ei-lo vendido –
E, entretanto, foram de violetas,

Deram-me beijos sem os ter pedido...
Mas como sempre, ao fim – bandeiras pretas,
Tômbolas falsas, carrossel partido...

Paris, novembro de 1915

O FANTASMA

O que farei na vida – o Emigrado
Astral após que fantasiada guerra,
Quando este Oiro por fim cair por terra,
Que ainda é Oiro, embora esverdinhado?

(De que Revolta ou que país fadado?)
– Pobre lisonja, a gaze que me encerra...
Imaginária e pertinaz, desferra
Que força mágica o meu pasmo aguado?

A escada é suspeita e é perigosa:
Alastra-me uma nódoa duvidosa
Pela alcatifa – os corrimões partidos...

– Taparam com rodilhas o meu norte,
– As formigas cobriram minha Sorte,
– Morreram-me meninos nos sentidos...

Paris, 21 de janeiro de 1916

CAPÍTULO V

DESQUITE

Dispam-se o Oiro e o Luar,
Rasguem as minhas togas de astros –
Quebrem os ónix e alabastros
Do meu não me querer igualar.

Que faço só na grande Praça
Que o meu orgulho rodeou –
Estátua, ascensão do que não sou.
Perfil prolixo de que ameaça?...

... E o sol... ah, o sol do ocaso,
Perturbação de fosco e Império –
A solidão dum ermitério
Na impaciência dum atraso...

O cavaleiro que partiu,
E não voltou nem deu notícias –
Tão belas foram as primícias,
Depois só luto o anel cingiu...

A grande festa anunciada
A galas e elmos principescos
Apenas foi executada
A guinchos e esgares simiescos...

Ânsia de Rosa e braços nus,
Findou de enleios ou de enjoos...
– Que desbaratos os meus voos;
Ai, que espantalho a minha cruz...

Paris, julho de 1915

ABRIGO

Paris da minha ternura
Onde estava a minha Obra –
Minha Lua e minha Cobra,
Timbre da minha aventura.

Ó meu Paris, meu menino,
Meu inefável brinquedo...
– Paris do lindo segredo
 Ausente no meu destino.

Regaço de namorada,
Meu enleio apetecido –
Meu vinho de Oiro bebido
Por taça logo quebrada...

Minha febre e minha calma –
Ponte sobre o meu revés:
Consolo da viuvez
Sempre noiva da minha Alma...

Ó fita benta de cor,
Compressa das minhas feridas...
– Ó minhas unhas polidas,
– Meu cristal de toucador...

Meu eterno dia de anos,
Minha festa de veludo...
Paris: derradeiro escudo,
Silêncio dos meus enganos.

Milagroso carrossel
Em feira de fantasia –
Meu órgão de Barbaria,
Meu teatro de papel...

Minha cidade-figura
Minha cidade com rosto...
– Ai, meu acerado gosto,
Minha fruta mal madura...

Mancenilha e bem-me-quer,
Paris, meu lobo e amigo...
– Quisera dormir contigo,
Ser todo a tua mulher!...

Paris, setembro de 1915

SERRADURA

A minha vida sentou-se
E não há quem a levante,
Que desde o Poente ao Levante
A minha vida fartou-se.

E ei-la, a mona, lá está,
Estendida, a perna traçada,
No infindável sofá
Da minha Alma estofada.

Pois é assim: a minha Alma
Outrora a sonhar de Rússias,
Espapaçou-se de calma,
E hoje sonha só pelúcias.

Vai aos Cafés, pede um bock,
Lê o "Matin" de castigo,
E não há nenhum remoque
que a regresse ao Oiro antigo!

Dentro de mim é um fardo
Que não pesa, mas que maça:
Um zumbido de um moscardo,
Ou comichão que não passa.

Folhetim da "Capital"
Pelo nosso Júlio Dantas –

Ou qualquer coisa entre tantas
Duma antipatia igual...

O raio já bebe vinho,
Coisa que nunca fazia,
E fuma o seu cigarrinho
Em plena burocracia!...

Qualquer dia, pela certa,
Quando eu mal me precate,
É capaz dum disparate,
Se encontra uma porta aberta...

Isto assim não pode ser...
Mas como achar um remédio?
– Pra acabar este intermédio
Lembrei-me de endoidecer:

O que era fácil – partindo
Os móveis do meu hotel,
Ou para a rua saindo
De barrete de papel

A gritar "viva a Alemanha"...
Mas a minha Alma, em verdade,
Não merece tal façanha,
Tal prova de lealdade.

Vou deixá-la – decidido –
No lavabo dum Café,
Como um anel esquecido.
É um fim mas raffiné.

Paris, setembro de 1915

ELEGIA

Minha presença de cetim,
Toda bordada e cor-de-rosa,
Que foste sempre um adeus em mim
Por uma tarde silenciosa...

Ó dedos longos que toquei,
Mas se os toquei, desapareceram...
Ó minhas bocas que esperei
E nunca mais se me estenderam...

Meus Bulevards de Europa e beijos
Onde fui só um espectador...
– Que sono lasso, o meu amor;
– Que poeira de ouro, os meus desejos...

Há mãos pendidas de amuradas
No meu anseio a divagar...
em mim findou todo o luar
Da lua dum conto de fadas.

Eu fui alguém que se enganou
E achou mais belo ter errado.
Mantenho o trono mascarado
Aonde me sagrei pierrot.

Minhas tristezas de cristal,
Meus débeis arrependimentos,
São hoje os velhos paramentos
Duma pesada catedral.

Pobres enleios de carmim
Que reservara pra algum dia!
A sombra loira, fugidia,
Jamais se abeirará de mim...

– Ó minhas cartas nunca escritas,
E os meus retratos que rasguei...
As orações que não rezei,
Madeixas falsas, flores e fitas...

O "petit-bleu" que não chegou...
As horas vagas do jardim...
O anel de beijos e marfim
Que os seus dedos nunca anelou...

Convalescença afetuosa
Num hospital branco de paz...
A dor magoada e duvidosa
Dum outro tempo mais lilás...

Um braço que nos acalenta...
Livros de cor à cabeceira...
Minha ternura friorenta –
Ter amas pela vida inteira...

Ó grande hotel universal
Dos meus frenéticos enganos,
Com aquecimento-central,
Escrocs, cocottes, tziganos...

Ó meus cafés de grande vida
Com dançarinas multicolores...
– A, não são mais as minhas dores
Que a sua dança interrompida...

Lisboa, março de 1915

CINCO HORAS

Minha mesa no Café,
Quero-lhe tanto... A garrida
Toda de pedra brunida
Que linda e que fresca é!

Um sifão verde no meio
E, ao seu lado, a fosforeira
Diante ao meu copo cheio
Duma bebida ligeira.

(Eu bani sempre os licores
Que acho pouco ornamentais:
Os xaropes têm cores
mais vivas e mais brutais).

Sobre ela posso escrever
Os meus versos prateados,
Com estranheza dos criados
Que me olham sem perceber...

Sobre ela descanso os braços
Numa atitude alheada,
Buscando pelo ar os traços
Da minha vida passada.

Ou acendendo cigarros,
– Pois há um ano que fumo –
Imaginário presumo
Os meus enredos bizarros.

(E se acaso em minha frente
Uma linda mulher brilha,
O fumo da cigarrilha
Vai beijá-la, claramente...)

Um novo freguês que entra
É novo ator no tablado,
Que o meu olhar fatigado
Nele outro enredo concentra.

E o carmim daquela boca
Que ao fundo descubro, triste,
Na minha ideia persiste
E nunca mais se desloca.

Cinge tais futilidades
A minha recordação,
E destes vislumbres são
As minhas maiores saudades...

(Que história de Oiro tão bela
Na minha vida abortou:
Eu fui herói de novela
Que autor nenhum empregou...).

Nos Cafés espero a vida
Que nunca vem ter comigo:
– Não me faz nenhum castigo,
Que o tempo passa em corrida.

Passar tempo é o meu fito,
Ideal que só me resta;
Pra mim não há melhor festa,
Nem mais nada acho bonito.

– Cafés da minha preguiça,
Sois hoje – que galardão! –
Todo o meu campo de ação
E toda a minha cobiça.

Paris, setembro de 1915

DISPERSÃO

Perdi-me dentro de mim
Porque eu era labirinto,
E hoje, quando me sinto,
É com saudades de mim.

Passei pela minha vida
Um astro doido a sonhar.
Na ânsia de ultrapassar,
Nem dei pela minha vida...

Para mim é sempre ontem,
Não tenho amanhã nem hoje:
O tempo que aos outros foge
Cai sobre mim feito ontem.

(O Domingo de Paris
Lembra-me o desaparecido
Que sentia comovido
Os domingos de Paris:

Porque um domingo é família,
É bem-estar, é singeleza,
E os que olham a beleza
Não tem bem-estar nem família).

O pobre moço das ânsias...
Tu, sim, tu eras alguém!
E foi por isso também
Que te abismaste nas ânsias.

A grande ave dourada
Bateu as asas para os céus,
Mas fechou-as saciadas
Ao ver que ganhava os céus.

Como se chora um amante,
Assim me choro a mim mesmo:
Eu fui amante inconstante
Que se traiu a si mesmo.

Não sinto o espaço que encerro
Nem as linhas que projeto:
Se me olho a um espelho, erro –
Não me acho no que projeto.

Regresso dentro de mim
Mas nada me fala, nada!
Tenho a alma amortalhada,
Sequinha, dentro de mim.

Não perdi a minha alma,
Fiquei com ela, perdida.
Assim eu choro, da vida,
A morte da minha alma.

Saudosamente recordo
Uma gentil companheira
Que na minha vida inteira
Eu nunca vi... Mas recordo

A sua boca doirada
E o seu corpo esmaecido,
Em um hálito perdido
Que vem na tarde doirada.

(As minhas grandes saudades
São do que nunca enlacei
Ai, como eu tenho saudades
Dos sonhos que não sonhei!...)

E sinto que a minha morte –
Minha dispersão total –
Existe lá longe, ao norte,
Numa grande capital.

Vejo o meu último dia
Pintado em rolos de fumo,
E todo azul-de-agonia
Em sombra além me sumo.

Ternura feita saudade,
Eu beijo as minhas mãos brancas...
Sou amor e piedade
Em face dessas mãos brancas...

Tristes mãos longas e lindas
Que eram feitas pra se dar...
Ninguém mais quis apertar...
Tristes mãos longas e lindas...

E tenho pena de mim,
Pobre menino ideal...
Que me faltou afinal?
Um elo? Um rastro?... Ai de mim!...

Desceu-me n'alma o crepúsculo;
Eu fui alguém que passou.
Serei, mas já não me sou;
Não vivo, durmo o crepúsculo.

Álcool dum sono outonal
Me penetrou vagamente
A difundir-me dormente
Em uma bruma outonal.

Perdi a morte e a vida,
E, louco, não enlouqueço...
A hora foge vivida,
Eu sigo-a, mas permaneço...

....

Cabelos desmantelados,
Leões alados sem juba...

....

Paris, maio de 1913

A UM SUICIDA

À memória de
Tomas Cabreira Júnior

Tu crias em ti mesmo e eras corajoso,
Tu tinhas ideias e tinhas confiança.
Oh!, quantas vezes desesp'rançoso,
Não invejei a tua esp'rança!

Dizia para mim: – Aquele há-de vencer
Aquele há-de colar a boca sequiosa
Nuns lábios cor-de-rosa
Que eu nunca beijarei, que me farão morrer...

A nossa amante era a Glória
Que para ti – era a vitória,
E para mim – asas partidas.
Tinhas esp'ranças, ambições...
As minhas pobres ilusões,
Essas estavam perdidas...

Imersa no azul dos campos siderais
Sorria para ti a grande encantadora,
A grande caprichosa, a grande amante loura.
Em que tínhamos posto os nossos ideais.

Robusto caminheiro e forte lutador
Havias e chegar ao fim da longa estrada
De corpo avigorado e de alma avigorada
Pelo triunfo e pelo amor.

Amor! Quem tem vinte anos
Há-de por força amar.
Na idade dos enganos
Quem se não há-de enganar?

Enquanto tu vencerias
Na luta heroica da vida
E, sereno, esperarias
Dos bem-fadados da Glória

Dos eternos vencedores
Que revivem na memória –
Sem triunfos, sem amores,
Eu teria adormecido
Espojado no caminho,
Preguiçoso, entorpecido,
Cheio de raiva, daninho...

Recordo com saudade as horas que passava
Quando ia a tua casa e tu, muito animado,
Me lias um trabalho há pouco terminado,
Na salazinha verde em que tão bem se estava.
Dizíamos ali sinceramente
As nossas ambições, os nossos ideais:
Um livro impresso, um drama em cena, o nome nos
[jornais...

Dizíamos tudo isto, amigo, seriamente...
Ao pé de ti, voltava-me a coragem:
Queria a Glória... Ia partir!
Ia lançar-me na voragem!
Ia vencer ou sucumbir!...

....
....

Ai!, mas um dia, tu, o grande corajoso,
Também desfaleceste.
Não te espojaste, não. Tu eras mais brioso:
Tu, morreste.

Foste vencido? Não sei.
Morrer não é ser vencido,
Nem é tão pouco vencer.

Eu por mim, continuei
Espojado, adormecido,
A existir sem viver.

Foi triste, muito triste, amigo a tua sorte –
Mais triste do que a minha e mal-aventurada.
... Mas tu inda alcançaste alguma coisa: a morte
E há tantos como eu que não alcançam nada...

CAPÍTULO VI

SETE CANÇÕES DE DECLÍNIO

1

Um vago tom de opala debelou
Prolixos funerais de luto de Astro –
E pelo espaço, a Oiro se enfolou
O estandarte real – livre, sem mastro.

Fantástica bandeira sem suporte,
Incerta, nevoenta, recamada –
A desdobrar-se como a minha Sorte
Predita por ciganos numa estrada...

2

Atapetemos a vida
Contra nós e contra o mundo.
– Desçamos panos de fundo
A cada hora vivida.

Desfiles, danças – embora
Mal sejam uma ilusão.
– Cenários de mutação
Pela minha vida fora!

Quero ser Eu plenamente:
Eu, o possesso do Pasmo.
– Todo o meu entusiasmo,
Ah! que seja o meu Oriente!

O grande doido, o varrido,
O perdulário do Instante –
O amante sem amante
Ora amado ora traído...

Lançar as barcas ao Mar –
De névoa, em rumo de incerto...
– Pra mim o longe é mais perto
Do que o presente lugar.

... E as minhas unhas polidas –
Ideia de olhos pintados...
Meus sentidos maquilados
A tintas desconhecidas...

Mistério duma incerteza
Que nunca se há-de fixar...
Sonhador em frente ao mar
Duma olvidada riqueza...

– Num programa de teatro
Suceda-se a minha vida:
Escada de Oiro descida
Aos pinotes, quatro a quatro!...

3

– Embora num funeral
Desfraldemos as bandeiras:
Só as cores são verdadeiras –
Siga sempre o festival!

Quemesse – eia! – e ruído!
Louça quebrada! Tropel!
(Defronte do carrossel,
Eu, em ternura esquecido...)

Fitas de cor, vozearia –
Os automóveis repletos:
Seus chauffeurs – os meus afetos
Com librés de fantasia!

Ser bom... gostaria tanto
De o ser... Mas como? Afinal
Só se me fizesse mal
Eu fruiria esse encanto.

– Afetos?... Divagações...
Amigo dos meus amigos...
Amizades são castigos,
Não me embaraço em prisões!

Fiz deles os meus criados,
Com muita pena – decerto.
Mas quero o Salão aberto,
E os meus braços repousados.

4

As grandes Horas! – vivê-las
A preço mesmo dum crime!
Só a beleza redime –
Sacrifícios são novelas.

"Ganhar o pão do seu dia
Com o suor do seu rosto"...
– Mas não há maior desgosto
Nem há maior vilania!

E quem for Grande não venha
Dizer-me que passa fome:
Nada há que se não dome
Quando a Estrela for tamanha!
Nem receios nem temores
Mesmo que sofra por nós
Quem nos faz bem. Esses dós
Impeçam os inferiores.

Os Grandes, partam – dominem
Sua sorte em suas mãos:
– Toldados, inúteis, vãos,
Que o seu Destino imaginem!

Nada nos pode deter:
O nosso caminho é de Astro!
Luto – embora! – o nosso rastro,
Se pra nós Oiro há-de ser!...

5

Vaga lenda facetada
A imprevisto e miragens –
Um grande livro de imagens,
Uma toalha bordada...

Um baile russo a mil cores,
Um Domingo de Paris –
Cofre de Imperatriz
Roubado por malfeitores...

Antiga quinta deserta
Em que os donos faleceram –
Porta de cristal aberta
Sobre sonhos que esqueceram...

Um lago à luz do luar
Com um barquinho de corda...
Saudade que não recorda –
Bola de tênis no ar...

Um leque que se rasgou –
Anel perdido no parque –
Lenço que acenou no embarque
De Aquela que não voltou...

Praia de banhos do sul
Com meninos a brincar
Descalços, à beira-mar,
Em tardes de céu azul...

Viagem circulatória
Num expresso de vagões-leitos –
Balão aceso – defeitos
De instalação provisória...

Palace cosmopolita
De rastaqouères e cocottes –
Audaciosos decotes
Duma francesa bonita...

Confusão de music-hall,
Aplausos e brou-u-há –
Interminável sofá
Dum estofo profundo e mole...

Pinturas e "ripolin",
Anúncios pelos telhados –
O barulho dos teclados
Das Lynotype do "Matin"...

Manchette de sensação
Transmitida a todo o mundo –
Famoso artigo de fundo
Que acende uma revol'ção...

Um sobrescrito lacrado
Que transviou no correio,
E nos chega sujo – cheio
De carimbos, lado a lado...

Nobre ponte citadina
De intranquila capital –
A humidade outonal
De uma manhã de neblina...

Uma bebida gelada –
Presentes todos os dias...
Champanhe em taças esguias
Ou água ao sol entornada...

Uma gaveta secreta
Com segredo de adultérios...
Porta falsa e mistérios –
Toda uma estante repleta:

Seja enfim a minha vida
Tarada de ócios e Lua:
Vida de Café e rua,
Dolorosa, suspendida –

Ah, mas de enlevo tão grande
Que outra nem sonho ou prevejo...
– A eterna mágoa dum beijo,
Essa mesma, ela me expande...

6

Um frenesi hialino arrepiou
Pra sempre a minha carne e a minha vida.
Fui um barco de vela que parou
Em súbita baía adormecida...

Baía embandeirada de miragem,
Dormente de ópio, de cristal e anil,
Na ideia de um país de gaze e Abril,
Em duvidosa e tremulante imagem...

Parou ali a barca – e, ou fosse encanto,
Ou preguiça, ou delírio, ou esquecimento,
Não mais aparelhou... – ou fosse vento
Propício que faltasse: ágil e santo...

... Frente ao porto esboçara-se a cidade,
Descendo enlanguescida e preciosa:
As cúpulas de sombra cor-de-rosa,
As torres de platina e de saudade.

Avenidas de sedas deslizando,
Praças de honra libertas sobre o mar –
Jardim onde as flores fossem luar;
Lagos – carícias de âmbar flutuando...

Os palácios a rendas e escumalha,
De filigrana e cinza as Catedrais –
Sobre a cidade, a luz – esquiva poalha
Tingindo-se através de longos vitrais...

Vitrais de sonho a debruá-la em volta,
A isolá-la em lenda marchetada:
Uma Veneza de capricho – solta,
Instável, dúbia, pressentida, alada...

Exílio branco – a sua atmosfera,
Murmúrio de aplausos – seu brou-u-há...
E na praça mais larga, em frágil cera,
Eu – a estátua "que nunca tombará"...

7

Meu alvoroço de oiro e lua
Tinha por fim que transbordar...
– Caiu-me a Alma ao meio da rua,
E não a posso ir apanhar!

Paris, julho e agosto de 1915

CAPÍTULO VII

O LORD

Lord que eu fui de Escócias doutra vida
Hoje arrasta por esta a sua decadência,
Sem brilho e equipagens.
Milord reduzido a viver de imagens,
Para às montras de joias de opulência
Num desejo brumoso – em dúvida iludida...
(– Por isso a minha raiva mal contida,
– Por isso a minha eterna impaciência).

Olha as Praças, rodeia-as...
Quem sabe se ele outrora
Teve Praças, como esta, e palácios e colunas –
Longas terras, quintas cheias,
Iates pelo mar afora,
Montanhas e lagos, florestas e dunas...

(– Por isso a sensação em mim fincada há tanto
Dum grande patrimônio algures haver perdido;
Por isso o meu desejo astral de luxo desmedido –
E a Cor na minha Obra o que restou do encanto...).

Paris, setembro de 1915

16

Esta inconstância de mim próprio em vibração
É que me há-de transpor às zonas intermédias,
E seguirei entre cristais de inquietação,
A retinir, a ondular... Soltas as rédeas,
Meus sonhos, leões de fogo e pasmo domados a tirar
A torre de ouro que era o carro da minha Alma,
Transviarão pelo deserto, moribundos de Luar –
E eu só me lembrarei num baloiçar de palma...
Nos oásis depois hão-de se abismar gumes,
A atmosfera há-de ser outra, noutros planos;
As rãs hão-de coaxar-me em roucos tons humanos
Vomitando a minha carne que comeram entre estrumes...

Há sempre um grande Arco ao fundo dos meus olhos...
A cada passo a minha alma é outra cruz,
E o meu coração gira: é uma roda de cores...
Não sei aonde vou, nem vejo o que persigo...
Já não é o meu rastro o rastro de ouro que ainda sigo...
Resvalo em pontes de gelatina e de bolores...
– Hoje a luz para mim é sempre meia-luz...

....
....

As mesas do Café endoidecer feita Ar...
Caiu-me agora um braço... Olha lá vai ele a valsar,
Vestido de casaca, nos salões do Vice-Rei...

(Subo por mim acima como por uma escada de corda,
E a minha Ânsia é um trapézio escangalhado...)

Lisboa, maio de 1914

SUGESTÃO

As companheiras que não tive,
Sinto-as chorar por mim, veladas,
Ao pôr do Sol, pelos jardins...
Na sua mágoa azul revive
A minha dor de mãos finadas
Sobre cetins...

Paris, agosto de 1914

A INIGUALÁVEL

Ai, como eu te queria toda de violetas
E flébil de cetim...
Teus dedos longos, de marfim,
Que os sombreassem joias pretas...

E tão febril e delicada
Que não pudesse estar um passo –
Sonhando estelas, transtornada,
Com estampas de cor no regaço...

Queria-te nua e friorenta,
Aconchegando-te em zibelinas –
Sonolenta,
Ruiva de éteres e morfinas...

Ah! que as tuas nostalgias fossem guizos de prata –
Teus frenesis lantejoulas;
E os ósseos em que estiolas,
Luar que se desbarata...

Teus beijos, queria-os de tule,
Transparecendo carmim –
Os teus espasmos, de seda...

....
....

– Água fria e clara numa noite azul,
Água, devia ser o teu amor por mim...

Lisboa, 16 de fevereiro de 1915

AH, QUE TE ESQUECESSES SEMPRE DAS HORAS

Ah, que te esquecesses sempre das horas
Polindo as unhas –
A impaciente das morbidezas louras
Enquanto ao espelho te compunhas...

....

A da pulseira duvidosa
A dos anéis de jade e enganos
A dissoluta, a perigosa
A desvirgada aos sete anos...

O teu passado – Sigilo morto,
Tu própria quase o ouvidaras –
Em névoa absorto
Tão espessamente o enredaras.

A vagas horas, no entretanto,
Certo sorriso te assomaria
Que em vez de encanto,
Medo faria.

E em teu pescoço
Mel e alabastro –

Sombrio punhal deixara rastro
Num traço grosso.
A sonhadora arrependida
De que passados malefícios –
A mentirosa, a embebida
Em mil feitiços...

Agosto de 1915

MANUCURE

Na sensação de estar polindo as minhas unhas,
Súbita sensação inexplicável de ternura,
Todo me incluo em Mim – piedosamente.
Entanto eis-me sozinho no Café:
De manhã, como sempre, em bocejos amarelos.
De volta, as mesas apenas – ingratas
E duras, esquinadas na sua desgraciosidade
Boçal, quadrangular e livre-pensadora...
Fora: dia de Maio em luz
E sol – dia brutal, provinciano e democrático
Que os meus olhos delicados, refinados, esguios e
                                       [citadinos
Nem podem tolerar – e apenas forçados
Suportam em náuseas. Toda a minha sensibilidade
Se ofende com este dia que há-de ter cantores
Entre os amigos com quem ando às vezes –
Trigueiros, naturais, de bigodes fartos –
Que escrevem, mas têm partido político
E assistem a congressos republicanos.
Vão às mulheres, gostam de vinho tinto,
De peros ou de sardinhas fritas...

E eu sempre na sensação de polir as minhas unhas
E de as pintar com um verniz parisiense,
Vou-me mais e mais enternecendo
Até chorar por Mim...
Mil cores no Ar, mil vibrações latejantes,

Brumosos planos desviados
Abatendo flechas, listas volúveis, discos flexíveis,
Chegam tenuamente a perfilar-me
Toda a ternura que eu pudera ter vivido,
Toda a grandeza que eu pudera ter sentido,
Todos os cenários que entretanto Fui...

Eis como, pouco a pouco, se me foca
A obsessão débil dum sorriso
Que espelhos vagos reflectiram...
Leve inflexão a sinusar...
Fino arrepio cristalizado...
Inatingível deslocamento...
Veloz faúlha atmosférica...

E tudo, tudo assim me é conduzido no espaço
Por inúmeras intersecções de planos
Múltiplos, livres, resvalantes.

É lá, no grande Espelho de fantasmas
Que ondula e se entregolfa todo o meu passado,
Se desmorona o meu presente,
E o meu futuro é poeira...

....

Deponho então as minhas limas,
As minhas tesouras, os meus godets de verniz,
Os polidores da minha sensação –
E solto meus olhos a enlouquecerem de Ar!
Oh! poder exaurir tudo quanto nele se incrusta,
Varar a sua Beleza – sem suporte, enfim! –
Cantar o que ele revolve, e amolda, impregna,

Alastra e expande em vibrações:
Subtilizado, sucessivo – perpétuo ao Infinito!...

Que calotes suspensas entre ogivas de ruínas,
Que triângulos sólidos pelas naves partidos!
Que hélices atrás dum voo vertical!
Que esferas graciosas sucedendo a uma bola de tênis! –
Que loiras oscilações se ri a boca da jogadora...
Que grinaldas vermelhas, que leques, se a dançarina russa,
Meia nua, agita as mãos pintadas da Salomé
Num grande palco a Ouro!
– Que rendas outros bailados!

Ah! mas que inflexões de precipício, estridentes,
                              [cegantes,
Que vértices brutais a divergir, a ranger,
Se facas de apache se entrecruzam
Altas madrugadas frias...

E pelas estações e cais de embarque,
Os grandes caixotes acumulados,
As malas, os fardos – pêle-mêle...
Tudo inserto em Ar,
Afeiçoado por ele, separado por ele
Em múltiplos interstícios
Por onde eu sinto a minh'Alma a divagar!...

– Ó beleza futurista das mercadorias!

– Sarapilheira dos fardos,
Como eu quisera togar-me de Ti!
– Madeira dos caixotes,
Como eu ansiara cravar os dentes em Ti!

E os pregos, as cordas, os aros... –
Mas, acima de tudo, como bailam faiscantes
A meus olhos audazes de beleza,
As inscrições de todos esses fardos –
Negras, vermelhas, azuis ou verdes –
Gritos de actual e Comércio & Indústria
Em trânsito cosmopolita:

    FRÁGIL! FRÁGIL!

                      843-AG LISBON
                      492-WR MADRID

Ávido, em sucessão da nova Beleza atmosférica,
O meu olhar coleia sempre em frenesis de absorvê-la
À minha volta. E a que mágicas, em verdade, tudo
                              [baldeado
Pelo grande fluido insidioso,
Se volve, de grotesco – célere,
Imponderável, esbelto, leviano...
– Olha as mesas... Eia! Eia!
Lá vão todas no Ar às cabriolas,
Em séries instantâneas de quadrados
Ali – mas já, mais longe, em losangos desviados...
E entregolfam-se as filas indestrinçavelmente,
E misturam-se às mesas as insinuações berrantes
Das bancadas de veludo vermelho
Que, ladeando-o, correm todo o Café...
E, mais alto, em planos oblíquos,
Simbolismos aéreos de heráldicas tênues
Deslumbram os xadrezes dos fundos de palhinha
Das cadeias que, estremunhadas em seu sono horizontal.
Vá lá, se erguem também na sarabanda...

Meus olhos ungidos de Novo,
Sim! – meus olhos futuristas, meus olhos cubistas,
                [meus olhos interseccionistas,
Não param de fremir, de sorver, e faiscar
Toda a beleza espectral, transferida, sucedânea,
Toda essa Beleza-sem-Suporte,
Desconjuntada, emersa, variável sempre
E livre – em mutações contínuas,
Em insondáveis divergências...

– Quanto à minha chávena banal de porcelana?

Ah, essa esgota-se em curvas gregas de ânfora,
Ascende num vértice de espiras
Que o seu rebordo frisado a ouro emite...

É no ar que ondeia tudo! É lá que tudo existe!...

... Dos longos vidros polidos que deitam sobre a rua,
Agora, chegam teorias de vértices hialinos
A latejar cristalizações nevoadas e difusas
Como um raio de sol atravessa a vitrine maior,
Bailam no espaço a tingi-lo em fantasias,
Laços, grifos, setas, ases – na poeira multicolor –

                APOTEOSE.

....

Junto de mim ressoa num timbre:
Laivos sonoros!
Era o que faltava na paisagem...
As ondas acústicas ainda mais a subtilizam:
Lá vão! Lá vão! Lá correm ágeis,
Lá se esgueiram gentis, franzinas corças d'Alma...

Pede uma voz um número ao telefone:
Norte – 2, 0, 5, 7...
E no Ar eis que se cravam moldes de algarismos:

ASSUNÇÃO DA BELEZA NUMÉRICA!

$$7\begin{smallmatrix}8 & 8\end{smallmatrix}\begin{smallmatrix}4\\\end{smallmatrix}\begin{smallmatrix}1\\\end{smallmatrix}\begin{smallmatrix}\\4\end{smallmatrix}596\begin{smallmatrix}\\1\end{smallmatrix}\begin{smallmatrix}1\\\end{smallmatrix}\begin{smallmatrix}1\\\end{smallmatrix}00\begin{smallmatrix}8\\8\\\infty\end{smallmatrix}$$

(7 7 2 0 1 3   5 5   ∞)

Mais longe um criado deixa cair uma bandeja...
Não tem fim a maravilha!
Um novo turbilhão de ondas prateadas
Se alarga em ecos circulares, rútilos, farfalhantes
Como água fria a salpicar e a refrescar o ambiente...

– Meus olhos extenuaram de Beleza!

Inefável devaneio penumbroso –
Descem-me as pálpebras vislumbradamente...

....

...Começam-me a lembrar anéis de jade
De certas mãos que um dia possuí –
E ei-los, de sortilégio, já enroscando o Ar...

Lembram-me beijos – e sobem
Marchetações a carmim...

Divergem hélices lantejoulares...
Abrem-se cristas, fendem-se gumes...
Pequenos timbres d'ouro se enclavinham...
Alçam-se espiras, travam-se cruzetas...
Quebram-se estrelas, soçobram plumas...

Dorido, para roubar meus olhos à riqueza,
Fincadamente os cerro...

Embalde! Não há defesa:
Zurzem-se planos a meus ouvidos, em catadupas,
Durante a escuridão –
Planos, intervalos, quebras, saltos, declives...

– Ó mágica teatral da atmsofera.
– Ó mágica contemporânea – pois só nós,
Os de Hoje, te dobramos e fremimos!

....

Eia! Eia!
Singra o tropel das vibrações
Como nunca a esgotar-se em ritmos iriados!
Eu próprio sinto-me ir transmitindo pelo ar, aos
                                  [novelos!
Eia! Eia! Eia!...

(Como tudo é diferente
Irrealizado a gás:

De livres-pensadoras, as mesas fluídicas,
Diluídas,
São já como eu católicas, e são como eu monárquicas!...

....
....

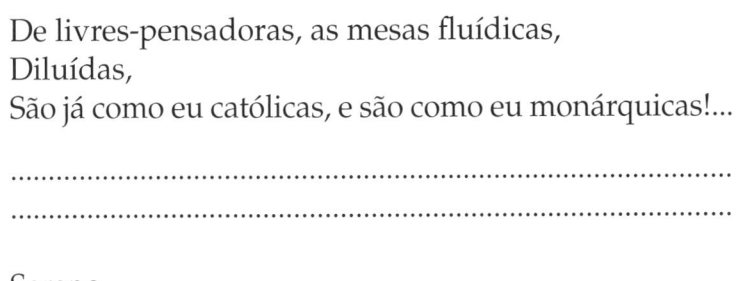

Sereno,
Em minha face assenta-se um estrangeiro
Que desdobra o «Matin».
Meus olhos, já tranquilos de espaço,
Ei-los que, ao entrever de longe os caracteres,
Começaram a vibrar
Toda a nova sensibilidade tipográfica.

Eh-lá!, grosso normando das manchetes em sensação!
Itálico afilado das crônicas diárias!
Corpo 12 romano, instalado, burguês e cofortável!
Góticos, cursivos, rondas, inglesas, capitais!

....

Tipo miudinho dos pequenos anúncios!
Meu elzevir de curvas pederastas!...
E os ornamentos tipográficos, as vinhetas,
As grossas tarjas negras,
Os «puzie» frívolos da pontuação,
Os asteriscos – e as aspas... os acentos...
Eh-lá! Eh-lá! Eh-lá!...

– Abecedários antigos e modernos,
Gregos, góticos,
Eslavos, árabes, latinos –,
Eia-hô! Eia-hô! Eia-hô!...

(Hip! Hip-lá! nova simpatia onomatopaica,
Rescendente da beleza alfabética pura:
Uu-um... kess-kress... vliiim... tlin... blong... flong... flak...
Pâ-am-pam! Pam... pam... pum... pum... Hurrah!)

Mas o estrangeiro vira a página,
Lê os telegramas da Última-Hora,
Tão leve como a folha do jornal,
Num rodopio de letras,
Todo o mundo repousa em suas mãos!

– Hurrah! por vós, indústria tipográfica!
– Hurrah! por vós, empresas jornalísticas!

MARINONI **LINOTYPE**
O SECULO BERLINER TAGEBLATT
LE JOURNAL LA PRENSA
CORRIERE DELLA SERA **THE TIMES**
NOVOÏÉ VREMIÁ

Por último desdobre-se a folha dos anúncios...
– Ó emotividade zebrante do Reclamo,
Ó estética futurista – up-to-date das marcas comerciais,
Das firmas e das tabuletas!...

LE BOULLION **KUB**
VIN DÉSILES
BELLE JADINIERE
FONSECAS, SANTOS & VIANNA   HUNTLEY & PALMERS   "RODDY"
PASTILLES VOLDA

Joseph Paquer, Bertholle F C

LES PARFUMS DE COTY
SOCIÉTE GÉNÉRALE
CRÉDIT LYONNAIS

BOOTH LINE   **NORDDEUSCHER LLOYD**
COMPAGNIE INTERNATIONALE DES WAGONS LITS
ET DES GRANDS EXPRESS EUPÉENS

E a esbelta singeleza das firmas, LIMITADA.

....
....

Tudo isto, porém, tudo isto, de novo e eu refiro ao Ar
Pois toda esta Beleza ondeia lá também:
Números e letras, firmas e cartazes –
Altos relevos, ornamentação!... –
Palavras em liberdade, sons sem-fio.

MARINETTI + PICASSO = PARIS < SANTA RITA
PINTOR + FERNANDO PESSOA
ÁLVARO CAMPOS
! ! ! !

Antes de me erguer lembra-me ainda,
A maravilha parisiense dos balcões de zinco,
Nos bares... não sei porquê...

– Un vermouth-cassis... Un Pernod à l'eau...
Un amer-citron... une grenadine...

....
....
....

Levanto-me...
– Derrota!
Ao fundo, em maior excesso, há espelhos que refletem
Tudo quanto oscila pelo Ar:
Mais belo através deles,
A mais sutil destaque...
– Ó sonho desprendido, ó luar errado,
Nunca em meus versos poderei cantar,
Como ansiara, até ao espasmo e ao Oiro,
Toda essa Beleza inatingível,
Essa Beleza pura!

Rolo de mim por uma escada abaixo...
Minhas mãos aperreio,
Esqueço-me de todo da ideia de que as pintava...
E os dentes a ranger, os olhos desviados,
Sem chapéu, como um possesso:
Decido-me!
Corro então para a rua aos pinotes e aos gritos:

– Hilá! Hilá! Hilá-hô! Eh! Eh!...

Tum... tum... tum...tum tum tum tum

VLIIIMIIIIM...

BRÁ-ÔH... BRÁ-ÔH... BRÁ-ÔH!...

FUTSCH! FUTSCHU!...

ZING-TANG... ZING-TANG...

TANG... TANG... TANG...

PRÁ Á K K!...

Lisboa, maio de 1915

CARANGUEJOLA

– Ah, que me metam entre cobertores,
E não me façam mais nada...
Que a porta do meu quarto fique para sempre fechada,
Que não se abra mesmo para ti se tu lá fores.

Lã vermelha, leito fofo. Tudo bem calafetado...
Nenhum livro, nenhum livro à cabeceira...
Façam apenas com que eu tenha sempre a meu lado,
Bolos de ovos e uma garrafa de Madeira.

Não, não estou para mais – não quero mesmo brinquedos.
Pra quê? Até se mos dessem não saberia brincar...
– Que querem fazer de mim com estes enleios e medos?
Não fui feito pra festas. Larguem-me! Deixem-me
[sossegar...

Noite sempre pelo meu quarto. As cortinas corridas,
E eu aninhado a dormir, bem quentinho – que amor...
Sim: ficar sempre na cama, nunca mexer, criar bolor –
Pelo menos era o sossego completo... História! Era a
[melhor das vidas...

Se me doem os pés e não sei andar direito,
Pra que hei-de teimar em ir para as salas, de Lord?
– Vamos, que a minha vida por uma vez se acorde
Com o meu corpo -, e se resigne a não ter jeito...

De que me vale sair, se me constipo logo?
E quem posso eu esperar, com a minha delicadeza?...
Deixa-te de ilusões, Mário! Bom édredon, bom fogo –
E não penses no resto. É já bastante, com franqueza...

Desistamos. A nenhuma parte a minha ânsia me levará.
Pra que hei-de então andar aos tombos, numa inútil
[correria?
Tenham dó de mim. Coa breca! Levem-me prá
[enfermaria –
Isto é: pra um quarto particular que o meu Pai pagará.

Justo. Um quarto de hospital – higiênico, todo branco,
[moderno e tranquilo;
Em Paris, é preferível, por causa da legenda...
De aqui a vinte anos a minha literatura talvez se entenda –
E depois estar maluquinho em Paris, fica bem, tem
[certo estilo...

– Quanto a ti, meu amor, podes vir às quintas-feiras,
Se quiseres ser gentil, perguntar como eu estou.
Agora no meu quarto é que tu não entras, mesmo com
[as melhores maneiras:
Nada a fazer, minha rica. O menino dorme. Tudo o
[mais acabou.

Paris, novembro de 1915

TÁBUA BIOGRÁFICA
DE
MÁRIO DE SÁ-CARNEIRO

Nasceu em Lisboa em 19 de maio de 1890; suicidou--se em Paris, em 26 de abril de 1916. Os apelidos não são ligados, como é de ver; mas, como ele assim os passou a escrever, assim devem ser mantidos no seu nome.

1) Publicou os seguintes livros:

Amizade, peça em três atos (com Tomás Cabreira Júnior), 1912;
Princípio, novelas, 1912;
Dispersão, 12 poemas, 1914;
A confissão de Lúcio, narrativa, 1914 (simultaneamente com Dispersão);
Céu em fogo, novelas, 1915.

Deixou inéditos, mas publicáveis:
Indícios de oiro, poemas; e o primeiro capítulo de uma novela intitulada *Mundo interior*. O manuscrito completo do primeiro esteve na posse de Fernando Pessoa, a quem foi enviado dias antes do suicídio. O manuscrito do segundo, que ficara em Paris, desapareceu, não tendo sido encontrado até agora.

Mário de Sá-Carneiro colaborou bastante em jornais e revistas, sobretudo antes de 1912, mas dessa colaboração são aproveitáveis apenas:

1) o poema semifuturista (feito com intenção de blague) "Manucure". *Orpheu*, 2;
2) um artigo, "O Teatro Arte", no jornal de Lisboa *O Debate*;
3) uma opinião em resposta a um inquérito literário do jornal *República*, também de Lisboa.

Mário de Sá-Carneiro deixou a Fernando Pessoa a indicação de publicar a obra que dele houvesse, onde, quando e como lhe parecesse melhor. Essa publicação definitiva não será feita por enquanto, pois não há ainda público, propriamente dito, para ela. Quando feita, constará dos livros:

1) *De verso, Dispersão, Indícios de oiro*, e o poema *Manucure*, apesar de blague;
2) De prosa, *A confissão de Lúcio* e *Céu em fogo*, assim como:

a) o capítulo de *Mundo interior*, se aparecer;
b) o artigo de *O Debate* e a opinião da *República*.

Os livros *Amizade* e *princípio* estão excluídos dessa publicação.

Fernando Pessoa

FORTUNA CRÍTICA

Bibliografia ativa

I – Publicações em vida

1 – Livros

Princípio: novelas originais. Lisboa: Livraria Ferreira, 1912. (Obra excluída pelo autor).
A confissão de Lúcio: narrativa. Lisboa: Em casa do autor, 1914.
Dispersão: doze poesias por Mário de Sá-Carneiro. Lisboa: Em casa do autor, 1914.
Missal de trovas, de Augusto Cunha e António Ferro. Lisboa: Livraria Ferreira, 1914. (Neste volume de poesias de António Ferro e Augusto Cunha, Sá--Carneiro publicou na parte intitulada Opiniões de alguns poetas portugueses sobre o Missal de trovas, um texto de prosa poética muito breve, datado de 18 de abril de 1914. In: *Cartas a Fernando Pessoa*. Lisboa: Ática, 1959. p. 187. 2 v.)
Manucure [excerto]. *O Século Cômico*, Lisboa, 18 (922), 8 jul. 1915.
Céu em fogo: oito novelas. Lisboa: Em casa do autor, 1915.
Estremoz. *Terra Nossa*, Lisboa, 2 (67), 11 abr. 1915.

Em colaboração

Amizade (peça original em três atos, em colaboração com Tomás Cabreira Júnior). Lisboa: Arnaldo Bordalo, 1912. (Obra excluída pelo autor).

2 – Outros

O Chinô: jornal acadêmico com pretensões a humorístico, Lisboa, n. 1, 6 dez. 1904. (Direção de Mário de Sá-Carneiro.)
Monólogo à força. *Azulejos*, Lisboa, n. 49, p. 5, 24 ago. 1908. (Assinado com o anagrama Mário de Sircoanera.)
O caixão (conto original). *Azulejos*, Lisboa, n. 51, p. 5, 7 set. 1908. (O conto vem assinado com o anagrama Mário de Sircoanera.)
Musa galhofeira (poesia). *Azulejos*, Lisboa, n. 64, p. 5, 12 dez. 1908. (Assinada com o anagrama Sircoanera.)
Senhora dos olhos lindos. *Azulejos,* Lisboa, p. 5, 19 dez. 1908. (Sob o heterônimo Sircoanera.)
Maria Augusta (conto original). *Azulejos*, Lisboa, n. 54, p. 6, set. 1908.
Quem me dera, meu amor. *Azulejos*, Lisboa, p. 5, 5 dez. 1908. (Sob o heterônimo Sircoanera.)
A mendiga. *Azulejos*, Lisboa, 2 jan. 1909.
Porque razão desdenhais. *Azulejos*, Lisboa, p. 6, 9 jan. 1909. (Sob o heterônimo Sircoanera.)
Amor vencido. *Azulejos*, Lisboa, S. 5 (8), 9 jan. 1909.
Recordar é viver. *Azulejos*, Lisboa, 23 jan. 1909.
O eterno obstáculo (artigo). *O Século*, Lisboa, n. 638, 20 jan. 1910. Suplemento ilustrado.
Beijos: monólogo. *Almanaque dos Palcos e das Salas para 1911*, Lisboa, fev. 1910.

O recreio, Torniquete, Pied-de-nez (poesias de *Indícios de oiro*). *Portugal Futurista*, Lisboa, nov. 1910. Número único.

O sexto sentido (conto de *Princípio*). *Ilustração Portuguesa*, Lisboa, n. 341, 3 set. 1912.

O teatro arte (artigo). *O Rebate*, Lisboa, p. 1-2, 28 nov. 1913.

Rodopio (excerto do livro *Dispersão*). *Ilustração Portuguesa*, Lisboa, p. 758, 29 dez. 1913. Suplemento.

Novelas, mais tarde incluídas em *Céu em fogo*: O Homem dos Sonhos, *A Águia*, 2 Série, fasc.17, Porto, maio 1913; O Fixador de Instantes, *A Águia*, 2 série, fasc. 20, Porto, ago. 1913; Além, acompanhado de uma nota sobre o fictício autor Petrus Ivanovitch Zagoriansky (não incluída no *Céu em fogo*), in *A Renascença*, n. 1, fev. 1914; Mistério, *A Águia*, 2 série, fasc. 26, Porto, fev. 1914.

Certa voz na noite, ruivamente... *Portugal Artístico*, Lisboa, 1 (2), 1ª quinzena mar. 1914.

Mistério (conto de *Céu em fogo:* novelas). *A Águia*, Porto, v. IV, p. 41-49, 2ª série, 1º semestre 1914.

Resposta de Mário de Sá-Carneiro ao inquérito sobre "O mais belo livro português dos últimos trinta anos". *República*, Lisboa, 13 abr. 1914.

A quadra popular, texto que antecede, ao lado de outros de Fernando Pessoa, João de Barros, Afonso Lopes Vieira, João Lúcio, Alberto Osório de Castro e Augusto Gil, apreciando as suas quadras, o livro *Missal de trovas*, de António Ferro e Augusto Cunha, Lisboa: Livraria Ferreira, 1914. Suplemento.

Rodopio (poesia de *Dispersão*). *Ilustração Portuguesa*, Lisboa, n. 410, 29 dez. 1914. Suplemento.

Bárbaro (poesia de *Indícios de oiro*). *A Galera*, Coimbra, n. 2, 20 dez. 1914.

Paris e a Guerra, entrevista a Sá-Carneiro. *A Restauração*, Lisboa, 5 out. 1914.

O resgate (poesia de *Indícios de oiro*). *A Galera*, Coimbra, n. 4, 1º fev. 1915.

Poemas sem suporte a Santa-Rita Pintor (título com que Sá-Carneiro publicou no segundo número de *Orpheu* [abr., maio, jun. 1915] os três poemas seguintes: Elegia, Manucure e Apoteose).

O caso de "Orpheu": o seu director repelle toda a solidariedade com o "engenheiro sensacionista". Álvaro de Campos: [carta]. *A Capital*, Lisboa, 6 (1767), 7 jul. 1915.

Anto (poesia de *Indícios de oiro)*. *A Galera*, Coimbra, 1915.

A batalha do Marne: impressões de aniversário. *A Ilustração Portuguesa*, Lisboa, 20 dez. 1915. (Este texto foi profundamente alterado pela redação da revista, o que indignou o poeta [Carta a Fernando Pessoa, de 27 dez. 1915.]. *Cartas de Mário de Sá--Carneiro a Fernando Pessoa*, v. II, tomo 135-137. O texto integral do artigo é transcrito nesse mesmo volume, p. 209-213.)

Indícios de oiro (incluindo os poemas Taciturno, Salomé, Certa voz na noite, Ruivamente, Nossa Senhora de Paris, 16, Distante melodia, Vislumbre, Sugestão, Ângulo, A inigualável e Apoteose). *Orpheu*, Lisboa, n. 1, jan.-fev.-mar. 1915.

Poemas sem suporte (incluindo os poemas Elegia, depois inserido em *Indícios de oiro*, e Manucure e Apoteose). *Orpheu*, Lisboa, n. 2, abr.-maio-jun. 1915.

Ponto final... (carta dirigida ao diretor de jornal *A Capital*, de 7 jul. 1915, repudiando a atitude de Álvaro de Campos no caso do acidente de Afonso Costa, com a qual este diretor do *Orpheu* não é solidário).

II – Publicações póstumas

1 – Livros e publicações em jornais ou revistas

Dispersão (poesia). *O Heraldo*, Faro, n. 369, p. 2., 18 fev. 1917.

Pied-de-Nez. *Portugal Futurista*, Lisboa, nov. 1917.

Não (poesia publicada com a indicação "um inédito que Mário de Sá-Carneiro ofereceu à *Alma Nova*"). *Alma Nova*, Lisboa, n. 21, 24 dez. 1917.

Abrigo (poesia de *Indícios de oiro*, sob o título Poemas de Paris). *Contemporânea*, Lisboa, n. 1, p. 23-24, maio 1922.

O Lord (poesia de *Indícios de oiro*). *Contemporânea*, Lisboa, n. 2, p. 54, jun. 1922.

Poemas de Paris. *Contemporânea*, Lisboa, maio 1922.

O Lord. *Almanaque do Século 1927*, Lisboa, 1926.

Ápice, *Presença*, Coimbra, 1, 1 (5), 4 jun. 1927.

Sete canções de declínio. *Cancioneiro: I Salão dos Independentes*.Lisboa: Imprensa Libânio da Silva, 1930.

Serradura (poesia de *Indícios de oiro*). *Sudoeste Europa Portugal*, Lisboa, n. 3, p. 4-5, nov. 1935.

Sexta canção de declínio (poesia de *Indícios de oiro*). *Revista de Portugal*, Coimbra, n. 1, p. 9, out. 1937.

Indícios de oiro: poesias. Porto: Presença, 1937. (Edição que inclui os últimos poemas de Mário de Sá-Carneiro [Caranguejola, Crise lamentável, O fantasma, El-Rei, Aqueloutro e Fim], além da Tábua Biográfica, transcrita de *Presença*, n. 16, nov. 1928, redigida por Fernando Pessoa.)

A Queda. *Lácio*: Panfleto de Arte. Lisboa, p. 48, mar. 1938.

Statua Fittizia; Quase: [poemas]. *Estudos Italianos em Portugal*, Lisboa, S. 5(14), p. 63-65, 1942.

A confissão de Lúcio: narrativa. Nota editorial de Luís de Montalvor. Lisboa: Ática, 1945.

A confissão de Lúcio. In: *Obras completas de Mário de Sá-Carneiro*. 2. ed. Lisboa: Ática, 1945. v. 1.

Cinco horas (poesia). *Contemporânea*, n. 10, p. 9-10, [s.d.].

Poesias. In: _____. Lisboa: Ática, 1946. v. 2. (Incluindo os livros *Dispersão, Indícios de oiro* e *Os últimos poemas*.)

Cartas inéditas de Mário de Sá-Carneiro a Armando Côrtes-Rodrigues. *Seara Nova*, Lisboa, p. 135-136, 2 mar. 1946.

A um suicida. *Acto*, Lisboa, (1), 1º out. 1951.

Zagoriansky. Porto: Tipografia J. R. Gonçalves Ltda., 1952. (Edição fora do mercado. Tiragem de 30 exemplares.)

A Renascença, n. 1, fev. 1914. (Reeditado em in-fólio no Porto, em 1952 com a indicação "Edição privativa. Fora do mercado. Tiragem de 30 exemplares". Inclui comentário de Jorge de Sena.)

Abrigo, Quase e Aqueloutro. In: SIMÕES, João Gaspar. *História da poesia portuguesa do século vinte*. Lisboa: Empresa Nacional de Publicidade, 1956-1959.

A profecia (conto de *Céu em fogo*) e Femenina. *Diário Ilustrado*, Lisboa, 14 maio 1957.

Cartas de Mário de Sá-Carneiro a Fernando Pessoa. In: *Obras completas de Mário de Sá-Carneiro*, III. Lisboa: Ática, 1958-1959. 2 v. (contendo 114 cartas).

Mário de Sá-Carneiro – alguns inéditos do poeta (artigo de Manuel Correia Marques que inclui uma poesia de Sá-Carneiro por ele recolhida). *Diário Popular*, 13 fev. 1958. (Além da poesia, reproduz-se uma carta de Sá-Carneiro datada de 17 abr. 1910.)

Uma carta inédita a Cortês-Rodrigues. *Tempo Presente*, Porto, n. 6, 1959.

A grande sombra. Porto: Petrus, 1959.

Uma carta inédita a Albino Forjaz de Sampaio. *Arquivo de Bibliografia Portuguesa*, Coimbra, ano VI, n. 23--24, jul.-dez. 1960.

Uma carta inédita ao diretor da revista *Pátria Portuguesa*. *Sibila*, Castelo Branco, n. 1, maio 1961.

Carta inédita de Mário de Sá-Carneiro. *Sibila*, Castelo Branco, maio 1961.

Um inédito de Mário de Sá-Carneiro: beijos. *Gazeta Musical e de Todas as Artes*, Lisboa, p. 126-127, 10 set. 1961.

Além: sonhos. Petrus Ivanovitch Zagoriansky (coord.) e António Pedro e Almada (desenhos). Porto: Arte e Cultura, 1961.

_____. Porto: Artes e Cultura, [D. L. 1964]. (Falta o Croquis de Sá-Carneiro por Stuart Carvalhais, conforme vem indicado no índice.)

Correspondência de Mário de Sá-Carneiro a Armando Cortês-Rodrigues. *Seara Nova*, Lisboa, n. 968, 2 mar. 1964.

Além: sonhos (contos reeditados). Porto: Arte e Cultura, 1964. 2 v.

Simplesmente... *Colóquio*, Lisboa, dez. 1965, p. 36.

ROCHA, Andrée Crabbé. *A epistolografia em Portugal*. Coimbra: Livraria Almedina, 1965. p. 411-412.

Três cartas inéditas de Mário de Sá-Carneiro a Gilberto Rola Pereira do Nascimento. *Vértice*, Coimbra, jan. 1966.

Céu em fogo. In: *Obras completas de Mário de Sá-Carneiro*. Lisboa: Ática, 1966.

Fragmento de apoteose. *Jornal de Letras, Artes e Ideias*, Lisboa, 5 (245), 22 jun. 1966.

Apoteose. In: NEVES, João Alves das. *O movimento futurista em Portugal*. Porto: Livraria Divulgação, 1966.

Uma carta inédita a Luís de Montalvor. *Jornal de Letras, Artes e Ideias*, Lisboa, ano V, n. 427, 7 jul. 1966.

Duas cartas inéditas de Mário de Sá-Carneiro para Alfredo Guisado. *Diário de Notícias*, Lisboa, 23 abr. 1970. Suplemento. (Acompanhadas de um artigo de Luís Amaro.)

Caranguejola. *Diário de Lisboa*, Lisboa, 47 (16255), 21 mar. 1968. Suplemento.

Salomé. In: ANDRADE, Eugênio de. *Variações sobre um corpo*: antologia de poesia erótica contemporânea. Porto: Inova, 1972.

Álcool. In: CORREIA, Natália. *O surrealismo na poesia portuguesa*. Mem Martins: Europa-América, 1973.

Cinco horas; O Lord; El-Rei: [poemas]. In: NEVES, Orlando; FERREIRA, Serafim. *800 anos de poesia portuguesa*: antologia. Lisboa: Círculo de Leitores, 1973.

Quase. In: WALLENSTEINS, Carlos. *Poetas portugueses dos séculos XIX e XX*. Lisboa: Sassetti, 1974.

Sá-Carneiro despede-se de Fernando Pessoa. *O Século*, Lisboa, p. 7, 24 abr. 1976.

Cartas de Mário de Sá-Carneiro a Luís de Montalvor/Cândida Ramos/Alfredo Guisado/José Pacheco. Leitura, introdução e notas de Arnaldo Saraiva. Porto: Limiar, 1977.

Correspondência inédita de Mário de Sá-Carneiro e Fernando Pessoa. Leitura, introdução e notas de Arnaldo Saraiva. Porto: Centro de Estudos Pessoanos, 1980.

Quase. In: *Poetas portugueses*. Barreiro: Câmara Municipal, 1981. p. 19.

Alma, peça em 1 ato, em colaboração com António Cardoso Ponce de Leão. Revista *Cultura Portuguesa*, n. 2, Secretaria de Estado da Cultura, jan.-fev. 1982.

A confissão de Lúcio. Porto: Publicações Anagrama, [D.L. 1982].

Poemas de Paris. *Orpheu 3*. Porto: Nova Renascença, 1984.

Loucura. In: *Princípio*. 2. ed. Lisboa: Rolim, 1984.

O incesto. In: _____. 2. ed. Lisboa: Rolim, 1984.

Meu amigo de alma. Maria José de Lancastre (Org.). Palermo: Sellerio Editore, 1984.

João Jacinto: biografia. *Revista da Universidade de Coimbra*, Coimbra, n. 31, p. 157-172, 1985.

Obra poética. Antônio Quadros (Org.). Lisboa: Europa-América, Mem Martins, 1985.

A confissão de Lúcio. Introdução, organização e notas de António Quadros. Mem Martins: Europa-América, [D. L. 1985].

Céu em fogo. Introdução, organização e notas de António Quadros. Mem Martins: Europa-América, [D. L. 1985].

Princípio: novelas originais. Porto: Orfeu, 1985.

Mário de Sá-Carneiro em Azulejos (contos breves). Lisboa: Contexto, 1986.

A confissão de Lúcio. Lisboa: Marujo Editora, 1986.

A estranha morte do Prof. Antena. Prefácio de Nuno Júdice. Lisboa: Rolim, 1987.

Corrispondenza per António Ferro, José Paulino de Sá-Carneiro, Ricardo Teixeira Duarte. Introduzione, lettura e note di Fernanda Toriello. In: *La ricerca infinita*. Bari: Adriatica Editrice, 1987.

Cartas de Mário de Sá-Carneiro [a uma atriz do pequeno teatro de Montmartre]. *Nova Renascença*, Porto, p. 288-300, abr.-set. 1988.

O incesto. Porto: Justiça e Paz, 1988.

Loucura... Prefácio de António Meira. Porto: Justiça e Paz, 1988.

A confissão de Lúcio. Porto: Justiça e Paz, 1988.

Obras. Lisboa: Círculo de Leitores, 1990. 2 v.

Obra poética completa, 1903-1916. Antônio Quadros. (Org.). Lisboa: Europa-América; Mem Martins: Europa-América, 1991.

Cartas a Maria e outra correspondência inédita. François Castex e Marina Tavares Dias (Org.). Lisboa: Quimera, 1992.

Carta inédita a João Ferreira da Costa. *Jornal de Letras, Artes e Ideias*, Lisboa, 21 dez. 1994.

Correspondência. Edição de Teresa Sobral Cunha. São Paulo: Schwarz, 2004.

Em colaboração

A alma. Lisboa: Rolim, 1987. (Em colaboração com Ponce de Leão.)

2 – Antologias

CASTRO GIL, António de. *Sá-Carneiro, Miguel Torga, José Régio*: três atitudes perante a vida. Coimbra: Livraria Gonçalves, 1949.

Mário de Sá-Carneiro. In: RÉGIO, José. *Líricas portuguesas*. 2. ed. Lisboa: Portugália, 1955.

_____: poesia: Cleonice Berardinelli (Org.). Rio de Janeiro, 1958. (Colcção Os Nossos Clássicos).

_____: antologia de poesia e prosa. Introdução, seleção e notas de João Alves das Neves. São Paulo: Íris, 1961.

_____. além-sonhos. Antologia de ficção e prosa, incluindo apreciações críticas de Fernando Pessoa e do autor. Petrus; Porto: Arte e Cultura, 1961. 2 v.

_____: antologia de poesia e prosa, antecedida de um longo estudo da autora, Maria Aliette Galhoz. Lisboa: Presença, 1963.

_____. In: *Poetas portugueses modernos*. Introdução, seleção e notas de João Alves das Neves. Rio de Janeiro: Civilização Brasileira, 1967.

_____. MARTINHO, Virgílio; SAMPAIO, Ernesto. *Antologia do humor português*. Lisboa: Afrodite, 1969.

_____. In: MACEDO, Helder. *Modern Poetry in Translation*. London: Modern Poetry in Translation, 1972.

_____: todos os poemas. Rio de Janeiro: José Aguilar, 1974.

_____. In: *Poesias*: com um estudo crítico de João Gaspar Simões. Lisboa: Círculo de Leitores, 1979.

_____. In: *Antología de la poesia portuguesa contemporánea*. Estudo, selección y traducción de Angel Crespo. Madrid: Jucar, 1982. v. 1.

_____: poesias. Introdução de João Maia e ilustrações de Lima de Freitas. Lisboa: Verbo, 1983.

_____. *Poesias completas*. Porto: Anagrama, 1984.

_____. *Poesias completas*. Porto: Mabreu, 1985.

_____: obra completa. Introdução e organização de Alexei Bueno. Rio de Janeiro: Nova Aguilar, 1995.

_____: poesias completas. Lisboa: Marujo, 1986.

_____: poesias. Prefácio de Nuno Júdice e ilustrações de Ilda David. Lisboa: Círculo de Leitores, 1990.

_____: poesias. Introdução de Maria Ema Janacha Ferreira. Lisboa: Ulisseia, 2000.

_____: poesia. Fernando Paixão (Org.). São Paulo: Iluminuras, 2001.

_____: poemas. Edição de Teresa Sobral Cunha. São Paulo: Cia. das Letras, 2004.

Bibliografia passiva

I – Teses

BERQUÓ, Franca Alves. *A lírica de Sá-Carneiro:* o trajecto no labirinto. Tese (Doutorado) – Universidade Federal do Rio de Janeiro, Rio de Janeiro, 2. sem. 1982.

CASTEX, François. *Mário de Sá-Carneiro et la gênese d'*Amizade. Tese (Doutorado) – Faculté de Lettres de Toulouse, Toulouse, 1971. (Exemplar policopiado.)

GAGO, Natália Alves. *O vocabulário das poesias de Mário de Sá-Carneiro*. Tese (Licenciatura) – Lisboa, 1959.

GALHOZ, Maria Aliete Dores (Ed.). *Orpheu* I. Lisboa: Ática, 1959.

_____. *Orpheu II*. Lisboa: Ática, 1976.

MACHADO, Lino. *Consigo e contra si:* Mário de Sá--Carneiro. Tese (Doutorado) – Universidade Federal do Rio de Janeiro, Rio de Janeiro, 1996.

MORAIS, Manuel. *Mário de Sá-Carneiro*. Tese (Licenciatura) – Biblioteca Geral da Faculdade de Letras da Universidade de Lisboa, Lisboa, 1940.

MORAIS, Maria da Ascensão Ferreira Custódio de. *Aspectos estilísticos da poesia de Mário de Sá--Carneiro*. Tese (Licenciatura) – Biblioteca Geral da Faculdade de Letras da Universidade de Lisboa, Lisboa, 1947. Datilografada.

MENDES, Maria Paula Canas. *Contribuição para o estudo do motivo do tédio nas obras de Fernando Pessoa (ortónimo) e de Mário de Sá-Carneiro*. Tese (Licenciatura) – Biblioteca Geral da Faculdade de Letras da Universidade de Lisboa, Lisboa, 1955.

PIEDADE, Ana Nascimento. *A questão estética em Mário de Sá-Carneiro*. Dissertação (Mestrado) – Universidade Nova de Lisboa, Lisboa, 1988. (Exemplar policopiado.)

PERO, Iara F. *Mário de Sá-Carneiro:* a poética da dispersão. Dissertação (Mestrado) – Universidade de São Paulo, São Paulo, 1985.

PONTES, Roberto. *O jogo de duplos na poesia de Sá Carneiro*. Tese (Doutorado) – Pontifícia Universidade Católica do Rio de Janeiro, Rio de Janeiro, 1998.

RIBEIRO, João Carlos de Sousa. *Mário de Sá-Carneiro: entre o enigma e a esfinge*. Tese (Pós-doutorado) – Universidade Federal do Rio de Janeiro, Rio de Janeiro, 1º sem. 2004.

SALES, Germana Maria Araújo. *Mário de Sá-Carneiro, personagem de si mesmo*. Tese (Mestrado) – Universidade Federal do Pará, Belém, 1997.

II – Livros

ANDERSEN, Sophia de Mello Breyner. *Quatre poètes Portugais. Camões. Cesário Verde. Mário de Sá--Carneiro. Fernando Pessoa*. Paris: Fondation Calouste Gulbenkian. Centre Culturel Portugais/Presses Universitaires de France, 1979.

ANDRADE, João Pedro de. *A poesia da moderníssima geração:* génese duma atitude poética (ensaio). Porto: Livraria Latina Editora, 1943.

ANSELMO, Manuel. *Caminhos e ansiedades da poesia portuguesa contemporânea*. Lisboa: Cosmopólia, 1941.

BACARISSE, Pamela. *Sá-Carneiro and the conte fantastique*. Separata de: *Luso-Brazilian Review*, Wisconsin, v. XII, n. 1, 1975.

_____. *A alma amortalhada: Mário de Sá Carnciro's usc of Metaphor and Image*. London: Tamesis Book, 1984.

BELLADI, Zina Maria. *Função e forma do tradicional em Mário de Sá-Carneiro*. Cadernos de Teoria e Crítica Literária, Faculdade de Filosofia, Ciências e Letras de Araraquara, Araraquara, 1975.

BERARDINELLI, Cleonice. *Mário de Sá-Carneiro*. Rio de Janeiro: Agir, 1958.

CABRAL MARTINS, Fernando. *O modernismo em Mário de Sá-Carneiro*. Lisboa: Estampa; Imprensa Universitária, 1994.

CARPINTEIRO, Maria da Graça. *A novela poética de Mário de Sá-Carneiro*. Lisboa: Centro de Estudos Filológicos, 1960.

CASTEX, François. *Mário de Sá-Carneiro e a gênese de amizade*. Coimbra: Livraria Almedina, 1971.

DIAS, Marina Tavares. *Mário de Sá-Carneiro*: fotobiografia. Lisboa: Quimera, 1988.

FIGUEIREDO, João Pinto de. *A morte de Mário de Sá-Carneiro*. Lisboa: Publicações Dom Quixote, 1983.

GALHOZ, Maria Aliete Dores. *O momento poético do Orpheu*. Lisboa: África, 1959.

_____. *Mário de Sá-Carneiro*. Lisboa: Editorial Presença, 1963.

GIL, Castro. *Sá-Carneiro, Miguel Torga, José Régio:* três atitudes perante a vida. Coimbra, Livraria Gonçalves, 1949.

GUEDES, Maria Estela. *Obra poética de Mário de Sá-Carneiro*. Lisboa: Presença, 1985.

LANCASTRE, Maria José de. *O eu e o outro*. Para uma análise psicanalítica da obra de Mário de Sá-Carneiro. Lisboa: Quetzal, 1992.

LOPES, Óscar. *Ler e depois:* crítica e interpretação literária. Porto: Inova, 1969. 382, [15] p.

LOUREIRO, La Salete. *A cidade em autores do primeiro modernismo:* Pessoa, Almada e Sá-Carneiro. Lisboa: Estampa, 1996.

MARTINHO, Fernando J. B. *Mário de Sá-Carneiro e o(s) outro(s)*. Lisboa: Hiena, 1990.

MARTINS, Fernando Cabral. Do símbolo em processo. In: *Afecto às letras*. Homenagem da literatura portuguesa contemporânea a Jacinto do Prado Coelho. Lisboa: Imprensa Nacional – Casa da Moeda, 1984.

MOURÃO-FERREIRA, David. *Vinte poetas contemporâneos*. Lisboa: Edições Ática, 1960.

_____. *Motim literário*. Lisboa: Editorial Verbo, 1962.

_____. Ícaro e Dédalo: Mário de Sá-Carneiro e Fernando Pessoa. In: *Hospital das Letras*. Lisboa: Guimarães Editores, 1966.

_____. *Tópicos de crítica literária*. Lisboa: União Gráfica, 1969.

_____. *Presença da presença*. Porto: Brasília, 1977.

NASCIMENTO, Maria Teresa Duarte de Jesus G. do. *Mário de Sá-Carneiro:* da queda à ascenção, quase. Porto: [s.n.], 1988.

PAIXÃO, Fernando. *Narciso em sacrifício*: a poética de Mário de Sá-Carneiro. São Paulo: Ateliê Editorial, 2003.

PIEDADE, Ana Nascimento. *A questão estética em Mário de Sá-Carneiro*. Lisboa. Universidade Aberta, 1994.

RÉGIO, José. *As correntes e individualidades da moderna poesia portuguesa*. Assinado José Maria dos Reis Pereira. [S.l.]: [s.n.], 1925.

_____. *Três peças em um acto:* Três máscaras; O meu caso; Mário ou eu-próprio – o outro. Lisboa: Portugália, 1957.

_____. A questão de Mário de Sá-Carneiro. In: BARRETO, Costa. (Org.). *Estrada larga*. Porto: Porto Editora, 1958.

_____. *Ensaios de interpretação crítica*. Camões, Camilo, Florbela, Sá-Carneiro. 2. ed. Porto: Brasília, 1980.

ROCHA, Clara Crabbé. *O essencial sobre Mário de Sá--Carneiro*. Lisboa: Imprensa Nacional – Casa da Moeda, 1985.

ROSSI, Giuseppe Carlo. *Mário de Sá-Carneiro, oggi*. [S.l.]: H.R., 1963. p. 251-254.

SIMÕES, João Gaspar. *Realidade e idealidade na lírica de Sá-Carneiro*. Lisboa: Delfos, 1968.

TORIELLO, Fernanda. *La ricerca infinita*. Omaggio a Mário de Sá-Carneiro. Bari: Adriatica Editrice, 1987. (Contém cartas inéditas a António Ferro, Ricardo Texeira, Duarte e José Paulino de Sá Carneiro, além do conto João Jacinto.)

WOLL, Dieter. *Realidade e idealidade na lírica de Sá--Carneiro*. Lisboa: Delfos, 1968.

III – Estudos em livros

Mário de Sá-Carneiro. *O Mundo*, Lisboa, 13 (4347), p. 1, 14 out. 1912.

_____: a um poeta nada se recusa. *J. L.*, Lisboa, 10 (410), p. 9-10, 15-21 maio 1990.

ADERALDO, Noemi Elisa. *O simbolismo do fogo em M. de Sá-Carneiro*. São Paulo, 1978.

AMADO, Arménio, Coimbra. Em especial no II vol. a análise estilística do poema Estátua Falsa de Sá-Carneiro, p. 148 a 159. 1949.

ANSELMO, Manuel. Pequeno ensaio sobre o movimento modernista português. In: *Antologia moderna*. Lisboa: Sá da Costa, 1937.

ANTUNES, Manuel. Mário de Sá-Carneiro. In: *Enciclopédia luso-brasileira de cultura*. Verbo: Lisboa, 1974. v. 16.

BERARDINELLI, Cleonice. *Mário de Sá-Carneiro*: poesia. Antologia, prefácio e notas de Mário de Sá-Carneiro. 3. ed. Rio de Janeiro: Agir, 1974.

_____. A confissão de Lúcio. In: *Estudos de literatura portuguesa*. Lisboa: Imprensa Nacional – Casa da Moeda, 1985.

BERRINI, Beatriz. Mistério de Sá-Carneiro: leituras possíveis. In: *Livros de Portugal*: ontem e hoje. São Paulo: Cortez, 1981.

CÉSARINY, Mário. Hoje, dia de todos os demónios/irei ao cemitério onde repousa Sá-Carneiro. In: *Discurso sobre a reabilitação do real quotidiano*. Lisboa: Contraponto, 1952. p. 15-16.

CIDADE, Hernâni. O modernismo – em Portugal: o "Orpheu" e "Centauro". In: *O conceito de poesia como expressão da cultura*. Coimbra: Armênio Amado, 1945. p. 285-291.

COELHO, Eduardo Prado. Prefácio a *L'Amant Sans Amant*. Antologia de poemas de Mário de Sá-Carneiro. Tradução de Dominique Touati e Michel Chandeigne. Paris: La Différence, 1990.

CRABÉE ROCHA, Andrée. Mário de Sá-Carneiro. In: *A epistolografia em Portugal*. Coimbra: Livraria Almedina, 1965.

DUARTE, Lélia Parreira. O (des)tecer irônico da linguagem em A confissão de Lúcio, Sá-Carneiro. In: Encontro de Professores Universitários Brasileiros de Literatura Portuguesa, 13., 1992 Rio de Janeiro. *Anais*... Rio de Janeiro: UFRJ, 1992.

GALHOZ, Maria Aliete. O homem. A obra. O universo poético de Mário de Sá-Carneiro. In: *Mário de Sá--Carneiro*, op. cit., 1963.

_____. Formalismo, invenção e real novela de Mário de Sá-Carneiro. Prefácio à 2. ed. de *Céu em Fogo*, op. cit., 1966.

_____. Prefácio a *Céu em fogo*. In: SÁ-CARNEIRO, Mário. *Céu em fogo*. 3. ed. Lisboa: Ática, 1980.

GARCEZ, Maria Helena Nery. A propósito de uma grande avenida: *A confissão de Lúcio*. In: *Novos ensaios de literatura portuguesa*. Araraquara: Instituto de Letras, Ciências Sociais e Educação, Centro de Estudos Portugueses Jorge de Sena, 1986. p. 163-187.

GUEDES, Maria Estela. Zonas intermédias. Introdução à *Obra Poética de Mário de Sá-Carneiro*. Lisboa: Editorial Presença, 1985.

HUBER, Egon. Zur Lyric Mário de Sá-Carneiro, *Studia Ibrica. Festschrift Für Hans Flasche* (Berne, 1973), p. 282-294.

ILHARCO, João. Mário de Sá-Carneiro na sua primeira [segunda] fase. In: *Libelo contra a poesia modernista*. Coimbra: J. Ilharco, 1955. p. 213-227.

KAYSER, Wolfgang. *Fundamentos de interpretação e de análise literária.* Rio de Janeiro: Acadêmica, 1948.

_____. *Análise e interpretação da obra literária:* introdução à ciência da literatura. 7. ed. da tradução portuguesa de Paulo Quintela. Coimbra: Arménio Amado, 1985 (análise de *Estátua Falsa* de Mário de Sá-Carneiro), 1948.

KUJAWSKI, Gilberto de Mello. Tempo e momento de Pessoa. In: *Destino de Sá-Carneiro.* Fernando Pessoa, o outro. 3. ed. Petrópolis: Vozes, 1979. p. 41-49.

LEÃO, António Ponce de. Impressão íntima. In: *La ricerca infinita.* Omaggio a Mário de Sá-Carneiro. Introduzione, lettura e note di Fernanda Torillo. Bari: Adriatica Editrice, 1987. p. 165-176.

LIND, Georg Rudolf. Acerca de uma tese alemã sobre a lírica de Mário de Sá-Carneiro. *Ocidente*, Lisboa, n. LXIV, p. 169-170, 1963.

LOPES, Oscar. A dialéctica do espaço-tempo nas novelas de Mário de Sá-Carneiro. *Seara Nova*, Lisboa, n. 464. p. 329-330, set. 1967.

_____; COSTA, Luísa da. Mário de Sá-Carneiro. In: *História ilustrada das grandes literaturas* – VIII: a literatura portuguesa. Lisboa: Estúdios Cor, 1973. v. 2.

LOPES, Teresa Rita. Pessoa, Sá-Carneiro e as três dimensões do sensacionismo. *Colóquio/Letras*, Lisboa, n. 4, dez. 1971.

LOPES, Tevicritc. Prefácio a Mário de Sá-Carneiro. In: *Poésies Completes.* Tradução de Dominique Touati e Michel Chandeigne. Paris: La Différence, 1987.

LOURENÇO, Eduardo. "Presença" ou a contrarrevolução do modernismo. *Estrada Larga*, Porto, 3 v., p. 238-251. [D. L. 1963].

MAIA, João. Mário de Sá-Carneiro, poeta expressionista. Prefácio a Mário de Sá-Carneiro. *Poesias*. Lisboa: Verbo, 1983.

MARQUES, Manuel Correia. Mário de Sá-Carneiro: alguns inéditos do poeta. *Diário Popular*, Lisboa, 16 (5514), p. 1-9, 13 fev. 1958.

MARTINS, Fernando Cabral. A melancolia moderna: [no centenário de Mário de Sá-Carneiro]. *Público*, Lisboa, 1 (72), p. 10, 15 maio 1990. Leituras.

MARTINS, Maria João. Um pouco mais de sal: centenário de Mário de Sá-Carneiro comemorado com exposição no Instituto Franco-Português. *Diário de Lisboa*, Lisboa, 70 (23234), p. 19, 7 maio 1990.

_____. Sem jeito para o negócio: mesa-redonda sobre Mário de Sá-Carneiro [...]. *Diário de Lisboa*, Lisboa, 70 (23246), p. 23, 23 maio 1990.

MATEUS, J. A. Osório. Visitas de cerimônia a Sá--Carneiro jovem. In: *Escrita do teatro*. Amadora: Bertrand, 1977. p. 139-146.

MENDES, João. Sá-Carneiro, poeta da soledade. *Brotéria*, Lisboa, v. 32, 1941. (Transcrito in *Monte Parnaso-Monte Carmelo*. Braga: Livraria Cruz, 1945.)

MOISÉS, Massaud. Bibliografia de Mário de Sá--Carneiro. In: *Bibliografia da literatura portuguesa*. São Paulo: Editora da Universidade de São Paulo; Saraiva, 1968.

MONTALVOR, Luis de. Nota editorial, sobre Sá--Carneiro, em introdução à 2. ed. da narrativa *A confissão de Lúcio,* op. cit. , 1945.

NEGREIROS, Almada. Mário de Sá-Carneiro visto por Almada Negreiros: [desenhos]. In: SÁ-CARNEIRO, Mário de. *Além.* Porto: Arte e Cultura, 1961. p. 94.

NEVES, João Alves das. Apresentação de Mário de Sá-Carneiro e ensaio cronológico de Sá-Carneiro. *Antologia,* op. cit., 1961.

NEVES, Moreira das. Intimidade espiritual da poesia modernista portuguesa. In: *Inquietação e presença.* Leiria: Juventude, 1942. p.197-228.

PARKER, John M. *Mário de Sá-Carneiro.* Three twentieth century Portuguese Poets. Johannesburg: Witwatersrand University Press, 1960. p. 20-32.

PEDRO, António. [Desenho de Sá-Carneiro]. In: SÁ--CARNEIRO, Mário de. *Além.* Porto: Arte e Cultura, 1961. p. 2.

PESSOA, Fernando. Mário de Sá-Carneiro. In: *Apreciações literárias.* Porto: Editorial Cultura, 1950. p. 55-62.

_____. Sá-Carneiro, poesia, 1934. In: *Poesias inéditas* (1930-1935). Lisboa, Ática, 1955. v. 7.

PETRUS, pseud. Mário de Sá-Carneiro. In: SÁ--CARNEIRO, Mário de. *A grande sombra.* Porto: Arte e Cultura, 1958. p. 5-7.

POST, Hendrick Houwens. Mário de Sá-Carneiro, premier poète surréaliste portugais (1890-1916). *Neophilologus,* Groningen, p. 301-306, 1965.

QUADROS, António. Mário de Sá-Carneiro, a sua poesia e o seu problema. In: *Modernos de ontem e de hoje*. Lisboa: Portugália Editora, 1947.

_____. *Mário de Sá-Carneiro*. Obra poética (poesia completa, incluindo os primeiros poemas e poemas dispersos). Organização, introdução e notas. Lisboa: Publicações Europa-América, 1985.

_____. *Mário de Sá-Carneiro*: obra poética completa. 1903-1916. Organização, introdução e notas. Lisboa: Publicações Europa-América, 1991.

QUEIRÓS, Vasco de Barros. *Paris 71:* carta tardia que nunca será lida pelo genial poeta Mário de Sá--Carneiro. Lisboa: Agência Tipográfica Castelo, 1981. 16 p.

RAMOS, Feliciano. *Mário de Sá-Carneiro*. História da literatura portuguesa. 5. ed. Braga: Livraria Cruz, 1961. p. 844-846.

RÉGIO, José. A questão de Mário de Sá-Carneiro. *Estrada Larga*, Porto, v. 1, [s.d.]. p. 230.

_____. *Mário de Sá-Carneiro*. In: PEREIRA, José Maria dos Reis. *As correntes e as individualidades na moderna poesia portuguesa*. [S. l] : [s.n.], 1925. p. 57-59.

_____. O fantástico na obra de Sá-Carneiro. In: *Ensaios de interpretação crítica*. Lisboa: Portugália, 1964.

_____. Mário ou eu próprio: o outro. In: *Três peças em um acto*. 2. ed. Lisboa: Portugália, 1969.

REIS, Carlos (Coord.). A poesia de Mário de Sá--Carneiro e a consciência da modernidade. In: *Literatura portuguesa moderna e contemporânea*. Ana

Nascimento Piedade (Colab.)... [et al.]. Lisboa: Universidade Aberta, 1990. p. 175-179.

ROCHA, Andrée Crabbé. Mário de Sá-Carneiro. In: *A epistolografia em Portugal.* Coimbra: Livraria Almediana, 1965.

RODRIGUES, Urbano Tavares. Introdução às cartas de Mário de Sá-Carneiro a Fernando Pessoa. In: *Cartas a Fernando Pessoa.* Lisboa: Ática, 1958-1959.

_____. Sá-Carneiro. In: COELHO, Jacinto Prado (Dir.). *Dicionário das literaturas portuguesa, galega e brasileira.* Porto: Figueirinhas, 1960.

_____. Mário de Sá-Carneiro. In: COELHO, Jacinto do Prado (Dir.). *Dicionário de literatura.* 3. ed. Porto: Figueirinhas, 1981. p. 974-975. 4 v.

SÁ-CARNEIRO, Mário. Cartas a Fernando Pessoa. *Brotéria*, Lisboa, v. 68, n. 6, 1959.

SAMPAIO, Fernando Machado (Dir.). Mário de Sá--Carneiro. In: *História da literatura portuguesa ilustrada dos séculos XIX e XX.* Porto: Fernando Machado, 1942. p. 339-340.

SAMPAIO, Nuno. A frustração na obra poética de Mário de Sá-Carneiro. In: *O espírito da obra.* Lisboa: Ática, 1961.

SANTOS, Rosana Cristina Zanellato. Mário de Sá--Carneiro no feminino. In: SANTOS, Paulo Sérgio Nolasco dos (Org.). *Divergências e convergências em literatura comparada.* Campo Grande: Editora da UFMS, 2004, p. 247-257. v. 1.

SARAIVA, António José; LOPES, Oscar. *Sá-Carneiro*. História da literatura portuguesa. 12. ed. (corr. e aum.). Porto: Porto Editora, 1982. p. 1.045-1.046.

SARAIVA. Arnaldo. Introdução às *Cartas de Mário de Sá-Carneiro a Luís Montalvor/Cândida Ramos/ Alfredo Guisaco José Pacheco*. Porto: Limiar, 1977.

_____. Prefácio à *Correspondência inédita de Mário de Sá-Carneiro e Fernando Pessoa*. Porto: Centros de Estudos Pessoanos, 1980.

SENA, Jorge de. Carta ao poeta. *O Primeiro de Janeiro*. Porto, Aug. 9, 1944.

_____. Nota introdutória à reedição de *Zagoriansky* por Mário de Sá-Carneiro. Porto, 1952.

_____. Cartas de Sá-Carneiro a Fernando Pessoa. In: *O poeta é um fingidor*. Lisboa: Ática, 1961.

_____. Zagoriansky, nota num folheto. Transcrita em: *Estudos de literatura portuguesa II*. Lisboa: Edições 70, 1988.

SERRÃO, Joel. *Perfil de Mário de Sá-Carneiro*. Temas de cultura portuguesa. Lisboa: Ática, 1960. p. 127-144.

SIMÕES, João Gaspar. Mário de Sá-Carneiro ou a ilusão da personalidade. In: *O mistério da poesia*. Coimbra: Imprensa da Universidade, 1931. p. 123-168.

_____. Um caso típico de subjectivismo poético. In: *Liberdade de espírito*. Livraria Portugália: Porto, 1948.

_____. A confissão de Mário de Sá-Carneiro. In: *Liberdade de espírito*, op. cit.

_____. Mário de Sá-Carneiro, o poeta e a obra. In: *História da poesia portuguesa do século XX*. Lisboa: Empresa Nacional de Publicidade, 1959.

_____. Mário de Sá-Carneiro e a crítica oficial. In: *Literatura, literatura, literatura*. Lisboa: Portugália, 1964. p. 42-45.

_____. Mário de Sá-Carneiro, o *Orpheu* e o Surrealismo. In: _____. Lisboa: Portugália, 1964. p. 232-237.

_____. Mário de Sá-Carneiro ou a ilusão da personalidade. In: *O mistério da poesia*. 2. ed. Lisboa: Portugália, 1971.

_____. Decifrando *A confissão de Lúcio*. In: *Miscelânea de estudos em honra do Prof. Vitorino Nemésio*. Lisboa: Faculdade de Letras da Universidade de Lisboa, 1971. p. 425-38.

_____. Mário de Sá-Carneiro escreve a Fernando Pessoa. In: *Heteropsicografia*. Porto: Inova, 1973.

_____. *Poesias*: com um estudo crítico de João Gaspar Simões revisto pelo autor. Lisboa: Ática, 1978.

_____. Maria Aliete Galhoz, Mário de Sá-Carneiro. In: *Crítica V:* críticos e ensaístas contemporâneos. Lisboa: Imprensa Nacional – Casa da Moeda, 1983. p. 281-286.

SOUSA, Maria Leonor Machado de. Uma leitura das poesias de Mário de Sá-Carneiro. *Aufsätze zur Portugiesischen. Kulturgeschichte* 14, Münster, 1977.

TAVARES RODRIGUES, Urbano. *Introdução às cartas de Mário de Sá-Carneiro a Fernando Pessoa*, op. cit., 1958.

_____. Mário de Sá-Carneiro. In: *Dicionário das literaturas portuguesa, galega e brasileira*. Porto: Figueirinhas, 1960.

WOLL, Dieter. Decifrando *A confissão de Lúcio*. In: *Miscelânea de estudos em honra do Prof. Vitorino Nemésio*. Lisboa: Faculdade de Letras da Universidade de Lisboa, 1971.

_____. Sá-Carneiro, Aquilino Ribeiro e o Futurismo. In: *Mário de Sá-Carneiro. 1890-1916*. Lisboa: Biblioteca Nacional, 1990.

IV – Revistas

Obras de Sá-Carneiro. *Revista de Portugal*, Coimbra, (1), p. 157, out. 1937.

Os 30 anos do *Orpheu* ou a revolução literária de 1915. *República*, Lisboa, S. 2, 35 (5177), p. 16-18, 20 maio 1945.

O grande poeta Fernando Pessoa. [...]. *A Comarca de Arganil*, Arganil, 65 (5932), p. 1 e 5, 30 nov. 1965.

Mário de Sá-Carneiro no Brasil. *Colóquio/Letras*, Lisboa, (28), p. 100, nov. 1975.

ABREU, Manuel Viegas. *Mário de Sá-Carneiro em Coimbra:* a sua "fuga" da Universidade e o sentido da evocação dela em *A confissão de Lúcio*. *Biblos*, Coimbra, n. 52, p. 1-40, 1976.

ANDRADE, Ione de. Realismo fantástico e simbolismo dos trajes na *Confissão de Lúcio*. *Bulletin des Etudes Portugaises*, tomos XXVIII-XXIX, p. 337-354, 1967-1968.

ARÊAS, Vilmar. Mário de Sá-Carneiro: uma arte irremediavelmente dividida. *J.L.*, Lisboa, 5 (142), p. 4-7, 26 mar.-1º abr. 1985.

BERARDINELLI, Cleonice. Ernani Rosas e Sá-Carneiro. *Colóquio*, Lisboa, n. 12, fev. 1961.

_____. *A confissão de Lúcio*. *Colóquio*, Lisboa, n. 26, p. 52-54, dez. 1963.

BERNARDES, José. _____. *Colóquio*, Lisboa, n. 26, dez. 1963.

_____. Mário de Sá-Carneiro: autognose pela poesia. *Brotéria*, Lisboa, 120 (4), 1985.

CARVALHO, Rui Galvão de. Notas à margem de *Dispersão*. *Ocidente*, Lisboa, v. 35, n. 125, set. 1949.

_____. Os poetas *de Orpheu*. *Ocidente*, Lisboa, 53 (231), p. 17-23, jul. 1967.

CASTEX, François. Le Premier poème de Sá-Carneiro. *Bulletin des Études Portugaises*, 25, Paris, p. 257-261, 1964.

_____. (Ed.). Cartas inéditas de Mário de Sá-Carneiro. *Colóquio/Letras*, Lisboa, maio 1972.

_____. Le Poème 7 de Mário de Sá-Carneiro. Essai d'Interprétation. *Nova Renascença*, Porto, n. 7, 1982.

_____. Un Conte Inédit de Mário de Sá-Carneiro – Biographie ou Autoportrait? *Revista da Universidade de Coimbra*, Coimbra, n. 31, 1984.

_____. Sá-Carneiro. Lettres à l'Inconnue. *Nova Renascença*, Porto, n. 30-31, 1988.

CORREIA, Hélia. *Espesso enigma. J. L.*, Lisboa, 10 (410), p. 13, 15-24 maio 1990.

CÔRTES-RODRIGUES, Armando. Ao sr. Mário de Sá-Carneiro: [poesia]/Violante de Gysneiros. *Orpheu*, Lisboa, p. 125, 1(2), abr.-jun. 1915.

CRUZ, Gastão. *Imaginação e rigor. J.L.*, Lisboa, 10 (410), p. 13, 15-24 maio 1990.

CUADRADO, Perfecto E. Mário de Sá-Carneiro, el Abatido Albatros. *Revista de Occidente*, Madrid, p. 94, 1989.

DINIS, Dilma Castelo Branco. Um "golpe de asa". *Boletim do Centro de Estudos Portugueses*, Belo Horizonte, 5 (10), p. 37-40, jul.-dez. 1983.

GALHOZ, Maria Aliete. Algumas notas biográficas sobre Mário de Sá-Carneiro. *Cultura Portuguesa*, Lisboa, n. 2, jan.-fev. 1982.

_____. Mário de Sá-Carneiro e a expressão do teatro: o original em um ato, "alma", de que é coautor. *Cultura Portuguesa*, Lisboa, (2), p. 50-55, jan.-fev. 1982.

GARCEZ, Maria Helena Nery. Fernando Pessoa Leitor de Mário de Sá-Carneiro. *Nova Renascença*, Porto, n. 30-31, 1988.

_____; ZINA Maria Bellodi. Função e forma do tradicional em Mário de Sá-Carneiro. *Colóquio/Letras*, Lisboa, (37), p. 91-92, maio 1977.

GOMES, André. *Eu-outro o mesmo. J.L.*, Lisboa, 10 (410), p. 11, 15-21 maio 1990.

GOMES, F. Casado. O homem contra o poeta em Mário de Sá-Carneiro. *Boletim do Gabinete Português de Leitura*, Porto Alegre, p. 32-59, dez. 1966.

HOURCADE, Pierre. Panorama du Modernisme Littéraire en Portugal. *Bulletin des Etudes Portugaises*, Lisbonne, 1 (1931), 69-78.

_____. Defesa e ilustração da poesia portuguesa viva. trans. José Gaspar Simões. *Presença*, Coimbra, v. II, n. 30, jan.-fev. 1931.

_____. Mário de Sá-Carneiro, cartas a Fernando Pessoa. *Bulletin des Etudes Portugaises*, Lisboa, tomo XXII, 1959-1960. (Nova Série).

LACERDA, Alberto de. A poesia de Mário de Sá-Carneiro: tragédia sem suporte. *Colóquio/Letras*, Lisboa, n. 117-118, 1990.

LEITE, Maria Aparecida. Sá-Carneiro: a asa que se elançou... mas não voou. *Boletim do Centro de Estudos Portugueses*, Belo Horizonte, 5 (10), p. 42--46, jul.-dez. 1983.

LISBOA, Eugénio. João Pinto de Figueiredo, a morte de Sá-Carneiro, 1983. *Colóquio/Letras*, Lisboa, (82), p. 106-107, nov. 1984.

_____; BACARISSE, Pamela. A alma amortalhada: Mário de Sá-Carneiro's use of metaphor and image [...]. *Colóquio/Letras*, (88), p. 159-160, nov. 1985.

LOPES, Silvina Rodrigues. Mário de Sá-Carneiro, por Maria Estela Guedes [...]. *Colóquio/Letras*, Lisboa, (95), p. 122-123, jan.-fev. 1987.

LOPES, Teresa Rita. Pessoa e Sá-Carneiro. Itinerário de um percurso estético iniciado em comum. *Colóquio/Letras*, Lisboa, n. 48, 1968.

_____. Pessoa, Sá-Carneiro e as três dimensões do Sensacionismo. *Colóquio/Letras*, Lisboa, n. 4, 1971.

_____. Mário de Sá-Carneiro. Moi Mon Amour: Monodialogue du Sphinx Obèse. *Europe,* Paris, n. 60, 1984.

LOPES, Tevicritc. O monólogo/Diálogo do Esfinge gorda, refundição do artigo de 1984, Um século de poesia, número especial de *A Phala,* Lisboa, Assírio e Alvim, 1989.

_____. A viagem no tempo de Mário de Sá-Carneiro e Fernando Pessoa através dos professores Antena e Serzedas. *Colóquio/Letras,* Lisboa, n. 117-118, 1990.

M.T.D.F. Um estudo em inglês sobre Sá-Carneiro. *Colóquio/Letras,* Lisboa, (33), p. 106, set. 1976.

MACHADO, Lino. O fantástico em *A confissão de Lúcio. Colóquio/Letras,* Lisboa, n. 117-118, 1991.

MAIA, João. Mário de Sá-Carneiro. *Brotéria,* Lisboa, 121 (2-3), p. 205-208, ago.-set. 1985.

MALPIQUE, Cruz. Psicologia barroca do poeta Mário de Sá-Carneiro e uma breve referência a Fernando Pessoa. *Boletim da Biblioteca Pública Municipal de Matosinhos,* Matosinhos, (10), p. 9-43, ago. 1963.

MARGARIDO, Alfredo. Retrato de Mário de Sá--Carneiro. *Persona,* Porto, (8), p. 38, mar. 1983.

_____. A complexa relação de Mário de Sá-Carneiro com o cubismo. *Colóquio/Artes,* Lisboa, n. 82, 1989.

_____. O cubismo apaixonado de Mário de Sá--Carneiro. *Colóquio/Letras,* Lisboa, n. 117-118, 1990.

MARINHO, Maria de Fátima. Mário de Sá-Carneiro e a realidade inverossímil. *Vértice,* Lisboa, n. 36, 1991. (II série).

MARQUES, Manuel Correia. Novos aspectos de Mário de Sá-Carneiro. *Panorama*, Lisboa, v. 3, n. 16, dez. 1959.

MARTINHO, Fernando J. B. Mário de Sá-Carneiro e José Régio. *A Cidade*, Portalegre, p. 21-24, (4-5) jul.-dez. 1989; jan.-jun. 1990. (Nova Série).

MARTINS, Fernando Cabral. Mário de Sá-Carneiro, António Ponce de Leão. A alma [...], 1987. *Colóquio/Letras*, Lisboa, p. 91, (107) jan.-fev. 1989.

MARTINS, Rogério. *Cartas de Mário de Sá-Carneiro a Fernando Pessoa* [...]. *Ocidente*, Lisboa, 58 (263), p. 138-140, mar. 1960.

_____. Pessanha e Sá-Carneiro: intersecções. *Colóquio/Letras*, Lisboa, n. 117-118, 1990.

MASSA, Jean-Michel. *Quatre lettres inédites de Mário de Sá-Carneiro à Philéas Lebesgue (1912-1913)*. *Aufsätze zur Portugiesischen Kulturgeschichte*. Münster, 14, p. 137-145, 1976-1977.

MATOS, Lígia Maria da Câmara de Almeida. A poesia modernista em Portugal. *Estudos*, Coimbra, n. 25, 6-7 (258-259), p. 280-316, jun.-jul. 1947.

MENDES, João. Sá-Carneiro, poeta da soledade. *Brotéria*, Lisboa, v. 32, 1941. (Transcrito em: *Monte Parnaso-Monte Carmelo*: Livraria Cruz Braga, 1945.)

_____. Mário de Sá-Carneiro, cartas a Fernando Pessoa. *Brotéria*, Lisboa, v. 68, n. 6, 1959.

MIGUEL, António Dias. Algumas notas a respeito da poesia de Mário de Sá-Carneiro. *Afinidades*, Lisboa, n. 17, p. 46-55, abr. 1946.

MOISÉS, Massaud. Mário de Sá-Carneiro. *Boletim do Gabinete Português de Leitura*, Porto Alegre, dez. 1966, p. 25-31.

MONCADA, Maria Luísa Cabral de. Dieter Woll – Wirklichkeit und Idealität in der Lyrik Mário de Sá-Carneiro. Bonn, 1960. *Revista de História Literária de Portugal*, Coimbra, 1, 1, 1962, p. 309-313.

MONTEIRO, Adolfo Casais. Mário de Sá-Carneiro. *Presença*, Coimbra, v. 1, n. 21, 1929. (Transcrito em *Considerações pessoais*, Coimbra: 1933.)

_____. Le moderne et l'éternel dans la poésie portugaise contemporaine. *Bulletin des ètudes Portugaises et de l'Institut Français au Portugal*. Lisboa, 6 (1), p. 1-16, jul. 1939. (Nova Série).

_____. La Génération de l'*Orpheu*: Fernando Pessoa, Mário de Sá-Carneiro, Almada Negreiros. *Courrier du Centre International d'Études Poétiques*, Bruxelas, n. 35-36, dez. 1961.

MOURA, Helena Cidade. Um semi-inédito de Mário de Sá-Carneiro. *Colóquio*, Lisboa, p. 35-37, (36) dez. 1965.

MOURÃO, Luís. Mário de Sá-Carneiro ou o epílogo do romantismo. *Cadernos de Literatura*, Coimbra, n. 18, 1984.

MOURÃO, Paula. Mário de Sá-Carneiro: o lúcido e o lúdico. *Revista de Associação dos Professores de Português*, Lisboa, n. 7, maio 1984.

_____. Tempo e memória na Ficção de Mário de Sá--Carneiro. *Colóquio/Letras*, Lisboa, p. 117-118, 1990.

MOURÃO-FERREIRA, David. Caracterização da *Presença* ou as definições involuntárias. *Tetracórnio*, Lisboa, p. 40-50, fev. 1955.

_____. Ícaro e Dédalo. Mário de Sá-Carneiro e Fernando Pessoa. *Colóquio*, n. 30, out. 1964, transcrito In: *Hospital de Letras*. Lisboa: Guimarães, 1966, 2. ed. Imprensa Nacional – Casa da Moeda, Lisboa, 1981.

_____. *Orpheu 1*. In: *Hospital das Letras*. Lisboa, 2. ed. Imprensa Nacional – Casa da Moeda, 1983.

_____. O voo de Ícaro a partir de Cesário. *Colóquio/Letras*, Lisboa, p. 117-118, 1990.

MORNA, Fátima Freitas. Uma Salomé do tempo de *Orpheu*. *Palavras*, Lisboa, n. 2-3, 1981.

NEMÉSIO, Vitorino. *Indícios de oiro*. *Revista de Portugal*, Coimbra, v .1, n. 2, jan. 1938.

_____. Ocaso e dispersão de Mário de Sá-Carneiro, refundição do anterior. *Conhecimento de Poesia*, Lisboa, 2. ed., 1970.

PARKER, John M. Dieter Woll, Wirklichkeit und Idealität in der Lyrik Mário de Sá-Carneiro [...]. *Bulletin of Spanish Studies*, Liverpool, n. 39, p. 111--112, 1962.

PEDROSA, Inês. O mistério da morte de Sá-Carneiro. *Grande Reportagem*, Lisboa, mar.-jun. 1990.

PEREIRA, José Carlos Seabra. Rei-Lua, destino dúbio. *Colóquio/Letras*, Lisboa, n. 117-118, 1990.

PEREZ, Rogério. Biografia esquecida. Mário de Sá--Carneiro. O poeta na rua e na intimidade. *Diário de Lisboa*, 13 nov. 1938.

PESSOA, Fernando. Mário de Sá-Carneiro. *Athena*, n. 2, nov. 1924; incluído também nas antologias de Pessoa, *Páginas de doutrina estética*. Lisboa: Inquérito, 1946; e *Textos de crítica e intervenção*, Lisboa: Ática, 1980.

POST, H. Houwens. Mário de Sá-Carneiro (1890-1916), precursor do surrealismo português. *Ocidente*, Lisboa, n. 74 (358), 1968.

_____. Cinetism in the imagery of Mário de Sá--Carneiro's Modernista poetry. *Ocidente*, Lisboa, tomo LXXXIV, n. 419, p. 161-68, mar. 1973.

QUADROS, Antônio. Dois poemas inéditos de Mário de Sá-Carneiro. Apresentação dos poemas Quadras para a desconhecida e A um suicida. *Acto*, Lisboa, n. 1, 1951.

RAMOS, Feliciano. Sá-Carneiro e a poesia nova. *Ocidente*, XX, n. 61, p. 19-32, maio 1943.

RAMOS, Luís A. de Oliveira. *Cartas de Mário de Sá--Carneiro a Fernando Pessoa*. 2. v. Lisboa: Ática. *Colóquio*. Lisboa, (9) jun. 1960, p. 67-68.

REBELO, Luís Francisco. Uma peça inédita de Mário De Sá-Carneiro e um dramaturgo ignorado, António Ponce de Leão. Memórias da Academia das Ciências de Lisboa. *Classe de Letras*, n. 18, p. 169-179, 1977.

RÉGIO, José. Literatura viva. *Presença*, Coimbra, n. 1, mar. 1927.

SAFADY, Naief. Sá-Carneiro, Mário de – Cartas a Fernando Pessoa [...]. *Revista de Letras*, Assis, n. 1, p. 249-252, 1960.

SAMPAIO, Nuno de. A frustração na obra poética de Mário de Sá-Carneiro. *Rumo*, Lisboa, ano 3, n. 36, 1960.

_____. Alguns temas de poesia. *Rumo*, Lisboa, ano VI, n. 40, p. 622-670, jun. 1960.

SARAIVA, Arnaldo. Sobre a última carta de Sá-Carneiro para Pessoa. *Colóquio/Letras*, Lisboa, (43), p. 75-77, maio 1978.

_____. Os órfãos do *Orpheu* e romance heteronímico. *Persona*, Porto, (9), p. 9-14, out. 1983.

SARDO, Francisco. Mário de Sá-Carneiro, poeta da incompletude. *Vértice*, Coimbra, n. 285, jun. 1960.

SERRÃO, Joel. Esquema dum ensaio a fazer sobre a poesia de *Orpheu* e da *Presença*. *Afinidades*, Lisboa, n. 19-20, 19 fev. 1946.

_____. Cartas inéditas de Mário de Sá-Carneiro a Armando Côrtes-Rodrigues. *Seara Nova*, Lisboa, 2 mar. 1946.

_____. Perfil de Mário de Sá-Carneiro. *Gazeta Musical e de Todas as Artes*, Lisboa, p. 400-402, 1959.

SIMÕES, João Gaspar. Modernismo. *Presença*, I, Coimbra, n. 14-15, july 23, 1928.

_____. Mário de Sá-Carneiro ou a ilusão da personalidade. *O Mistério da Poesia*, Coimbra, p. 123-68, 1931.

_____. A propósito da *Dispersão*. *Cadernos de Poesia*, Lisboa, n. 1, 1940.

SOUSA, Maria Leonor Machado de. O elemento negro na novelística de Mário de Sá-Carneiro. *Bulletin dês Etudes Portugaises et Brésiliennes*, Lisboa, n. 39-40, p. 393-430, 1978-1979. (Nova Série).

VIEIRA, António Bracinha. O jogo em Mário de Sá--Carneiro. *Colóquio/Letras*, Lisboa, (66), p. 41-47, mar. 1982.

WOLL, Dieter. A lírica de Mário de Sá-Carneiro vista por um alemão. *Colóquio/Letras*, Lisboa, n. 5-6, nov. 1959.

V – Jornais

Os "Páulicos" de luto – mata-se em Paris o poeta Sá--Carneiro. *República*, Lisboa, 6 (1904), p. 2, 29 abr. 1916.

Vão ser publicados os poemas inéditos de Mário de Sá-Carneiro. *Diário de Lisboa*, Lisboa, 4 (1069), p. 5, 30 set. 1924.

ANON, Casa de Comédia: Mário de Sá-Carneiro e José Régio. *Diário de Notícias,* Lisboa, 17 out. 1969.

AYALA, Walmir. O cinquentenário da morte de Mário de Sá-Carneiro assinalado no Brasil. *Diário de Lisboa*, Lisboa, 46 (15582), p. 1-7, 5 maio 1966. Suplemento.

BERARDINELLI, Cleonice. O poeta Sá-Carneiro no quadragésimo aniversário da sua morte. *O Primeiro de Janeiro,* Porto, 27 jun. 1956.

BULGER, Laura Fernanda. Ainda à volta do mistério da *Confissão*. Porto: Letras & Letras, 1991.

CARPINTEIRO, Maria da Graça. Sá-Carneiro prosador. *Diário de Notícias,* Lisboa, 13 jun. 1958.

CARVALHO, Xavier de. A morte do poeta Sá-Carneiro. *Diário de Notícias*, Lisboa, 4 maio 1916.

_____. O enterro de Mário de Sá-Carneiro. *Diário de Notícias*, Lisboa, 3 jun. 1916.

CASTRO, Pombo de. Mário de Sá-Carneiro. *Diário da Manhã*, Lisboa, 1 (34), p. 1 e 4, 15 abr. 1965. Suplemento Cultural.

CIDADE, Hernâni. A gente do *Orpheu* na minha memória. *O Primeiro de Janeiro*, Porto: 98 (287), p. 10, 19 out. 1966.

CIDADE, Hernâni. O *Orpheu* e a sua gente. *República*, Lisboa, 39 (6964), p. 3 e 10, 28 abr. 1950.

COELHO, Eduardo Prado. A geração de *Orphe:* uma perspectiva do modernismo. *República*, Lisboa, S. 3, 54 (12303), p. 7-9 e 10, 16 abr. 1965; 54 (12310), p. 7 e 10, 23 abr. 1965.

COELHO, Teresa. Mário de Sá-Carneiro: cem anos de solidão. *Público*, Lisboa, 1 (72), p. 8-9, 15 maio 1990. Suplemento.

DIAS, Marina Tavares. Mário de Sá-Carneiro no círculo de leitores: edições e "corrimões". *Diário de Lisboa*, Lisboa, 70 (23260), p. 22, 12 jun. 1990.

_____. Sá-Carneiro em Paris. *Expresso*, Lisboa, (727), p. 46-R-47-R, 4 out. 1986.

DIAS MIGUEL, António. A sinceridade na poesia de Mário de Sá-Carneiro. *O Comércio do Porto*, Porto, 11 ago. 1953. Suplemento.

FERREIRA, Carlos Alberto. As campas de Xavier Carvalho e de Mário de Sá-Carneiro no cemitério de Pantin. *Diário de Lisboa*, Lisboa, 1 (186), p. 3, 10 nov. 1921.

GALHOZ, Maria Aliete. A poesia juvenil de Mário de Sá-Carneiro. *Jornal de Letras, Artes e Ideias*, Lisboa, 15 maio 1990.

_____. A riqueza sofredora de uma obra fascinante. *Diário de Notícias*, Lisboa, 136 (44259), p. 7, 27 maio 1990. Caderno 2.

_____. Mário de Sá-Carneiro. *Diário de Notícias*, Lisboa, (35644), p. 15-16, 27 maio 1965. Suplemento.

GIL, A. de Castro, Sá-Carneiro – o rastro duma alma que se queimou. *Novidades*, Lisboa, n. 43, p. 1-3, 2 nov. 1947. Suplemento.

GUISADO, Alfredo. O público e a revista. *O Primeiro de Janeiro*, Porto, 97 (88), p. 8, 31 mar. 1965. Suplemento.

JESUS, Eduíno de. Mário de Sá-Carneiro na transição da prosa à poesia. *O Primeiro de Janeiro*, Porto, 91 (151), p. 3, 3 jan. 1959. Suplemento.

JÚDICE, Nuno. A impaciência da escrita. *Público*, Lisboa, 1 (72), p. 11, 15 maio 1990.

_____. Na eternidade do café [no centenário de Mário de Sá-Carneiro]. *J.L.*, Lisboa, 10 (410), p. 13, 15-24 maio 1990.

LEAL, Raul. As tendências orfaicas e o saudosismo. *Tempo Presente*, Lisboa (5) set. 1959, p. 17-24.

M.A. Casa da Comédia: Mário de Sá-Carneiro e José Régio. *Diário de Notícias*, Lisboa, (37218), p. 5, 17 out. 1969.

MARQUES, Manuel Correia. Mário de Sá-Carneiro: alguns inéditos do poeta. *Diário Popular*, Lisboa, 13 fev. 1958.

MIGUEL, António Dias. A sinceridade na poesia de Mário de Sá-Carneiro. *O Comércio do Porto*, Porto, v. 1, p. 225, 11 ago. 1953. Suplemento.

MONTEIRO, Adolfo Casais. *Orpheu:* Orfeu. *República*, Lisboa, 39 (6964), p. 3 e 10, 28 abr. 1950.

MORÃO, Paula. *Mário de Sá-Carneiro:* um ambiente ficcional. *Expresso*, Lisboa, (654), p. 40-R, 11 maio 1985. Suplemento.

MOURÃO-FERREIRA, David. No cinquentenário do *Orpheu*. *Diário de Notícias*, Porto, 25 mar. 1965.

_____. Mário de Sá-Carneiro. *Diário de Lisboa*, Lisboa, 3 mar. 1968.

NEGREIROS, José de Almada. Manifesto anti-Dantas e por extenso. Lisboa 1916. Mário de Sá-Carneiro morreu há 41 anos: notas breves sobre o poeta. *Diário Ilustrado*, Lisboa, 14 maio 1957.

_____. Um aniversário: *Orpheu*: quais as características dessa revista literária que tão profundamente influiu no pensamento português. *Diário de Lisboa*, Lisboa, 14 (4418), p. 1 e 7, 8 mar. 1935. Suplemento Literário.

NEVES, Céu. *Sá-Carneiro e Pessoa:* diálogo impossível no Teatro Aberto. *J.L.*, Lisboa 5 (142), p. 1, 26 mar.- 1º abr. 1985. A Escolher.

PEREZ, Rogério. Biografia esquecida. Mário de Sá--Carneiro. O poeta na rua e na intimidade. *Diário de Lisboa*, Lisboa, 13 nov. 1938.

PESSOA, Fernando. Vão ser publicados os poemas inéditos de Mário de Sá-Carneiro: entrevista. *Diário de Lisboa*, Lisboa, 4 (1069), p. 5, 30 set. 1924.

PIMENTA, Alberto. Mário, eu próprio... *J.L.*, Lisboa, 10 (410), p. 11, 15-21 maio 1990.

PINHARANDA, João. Indícios...: [no centenário de Mário de Sá-Carneiro]. *Público*, Lisboa, 1 (72), p. 14, 15 maio 1990. Suplemento.

PORTUGAL, Ana Paula. "Loucura...": a agressão do corpo. *Diário de Lisboa*, 64 (21696), p. 1 e 3, 28 fev. 1985. Suplemento.

QUADROS, António. Narciso Ícaro de Mário de Sá-Carneiro e Orfeu Fausto Nogueira Pessoa. *Diário de Notícias*, Lisboa, 27 maio 1990.

REBELO, Luís Francisco. O fascínio do teatro: [no centenário de Mário de Sá-Carneiro]. *J.L.*, Lisboa, 10 (410), p. 10, 15-21 maio 1990.

RÉGIO, José. Fernando Pessoa e Mário de Sá-Carneiro. *O Primeiro de Janeiro*, Porto, 3 abr. 1946.

_____. A questão de Mário de Sá-Carneiro. *O Comércio do Porto*, Porto, 11 ago. 1953. Suplemento.

_____. Introdução ao estudo do fantástico na obra de Mário de Sá-Carneiro. *O Comércio do Porto*, Porto, 108 (112), p. 5, 24 abr. 1962. Suplemento.

_____. Um primeiro plano em *A confissão de Lúcio*. *O Comércio do Porto*, Porto, 109 (201), p. 5, 24 jul. 1962. Suplemento.

ROSA, António Ramos. O fulgor da poesia: [no centenário de Mário de Sá-Carneiro]. *J.L.*, Lisboa, 10 (410), p. 9, 15-21 maio 1990.

SALEMA, Álvaro. Mário de Sá-Carneiro, por Maria Aliete Galhoz. *Diário de Lisboa*, Lisboa, 1º jan. 1964.

SARAIVA, Arnaldo. Onde pararam as cartas de Mário de Sá-Carneiro a Fernando Pessoa? *O Jornal*, Lisboa, 2 (88), p. 26, 31 dez. 1976.

SASPORTES, José. Invocando Mário de Sá-Carneiro. *Diário de Lisboa*, Lisboa, 38 (12832), p. 20, 28 ago. 1958. Suplemento.

SIMÕES, João Gaspar. *Indícios de oiro*. *Diário de Lisboa*, 30 dez. 1937.

_____. Interpretação e juízos (a confissão de Mário de Sá-Carneiro). *Mundo Literário*, n. 9, 6 jul. 1946.

_____. Evocação de Mário de Sá-Carneiro em Paris. *Diário Popular*, Lisboa, Dec. 12, 1946.

_____. O mistério da correspondência de Mário de Sá-Carneiro e Fernando Pessoa. *Diário Popular*, Lisboa, Mar. 13, 1949.

_____. Mário de Sá-Carneiro, *Orpheu* e o surrealismo. *O Estado de S. Paulo*, São Paulo, nov. 15, 1958.

_____. Mário de Sá-Carneiro, *Orpheu* e o surrealismos. *O Estado de S. Paulo*, São Paulo, 15 nov. 1958. Transcrito in *Literatura, Literatura, Literatura, Lisboa*: Portugália Editora, 1964.

_____. Mário de Sá-Carneiro morreu há sessenta anos: o novelista. *O Século*, Lisboa, 96 (33634), p. 7-11, 24 abr.

_____. Céu em fogo, novelas, por Mário de Sá-Carneiro. *Diário de Notícias*, Lisboa, (36227), p. 17-18, 12 jan. 1967. Suplemento.

_____. Céu em fogo de Mário de Sá-Carneiro: uma obra datada. *O Primeiro de Janeiro*, Porto, 106 (63), p.10, 6 mar. 1974. Suplemento.

_____. A confissão de Lúcio – novela introspectiva. *O Primeiro de Janeiro*, Porto, 106 (43), p. 8, fev. 1974. Suplemento.

SIMÕES, Manuel Breda. A propósito da dispersão em Mário de Sá-Carneiro. *Diário de Notícias*, Lisboa, 27 out. 1957.

SOUSA, Ricarte Dácui de. Mário de Sá-Carneiro. *Público*, Lisboa, 1 (72), p. 4, 15 maio 1990. Suplemento.

VI – Anais de colóquios

CARPINTEIRO, Maria da Graça. A prosa poética do simbolismo, do fim do século XIX à geração poética do *Orpheu III*. In: COLÓQUIO INTERNACIONAL DE ESTUDOS LUSO-BRASILEIROS, 3, 1959, Lisboa. *Actas...* 1959, Lisboa, p. 511-520. v. 1.

CASTEX, François. Les problèmes posés par une edition critique de l'oeuvre de Mário de Sá-Carneiro. In: CRITIQUE TEXTUELLE PORTUGAISE, Paris, 1986. *Atas...* Paris: Fundação Calouste Gulbenkian; Centro Cultural Português, 1986.

LOPES, Tevicritc. Mário de Sá-Carneiro, maître de Fernando Pessoa et vice-versa, inédito, comunicação ao colóquio sobre Simbolismo e Modernismo no Centro Cultural Português de Paris, 1990.

VII – Catálogos de exposições

EXPOSIÇÃO DE PINTURA DE MÁRIO BOTAS – FERNANDO PESSOA, MÁRIO DE SÁ-CARNEIRO. Porto: Centro de Estudos Pessoanos e Delegação da Casa de Ramalde; Lisboa: Biblioteca Nacional, Secretaria de Estado da Cultura, 1982.

EXPOSIÇÃO DE PINTURA DE PAULO CARDOSO: INDÍCIOS DE OIRO: EVOCAÇÃO DE MÁRIO DE SÁ-CARNEIRO. Lisboa: Galeria de São Mamede, 1990.

EXPOSIÇÃO MÁRIO DE SÁ-CARNEIRO – ELE PRÓPRIO E O OUTRO. Feira do Livro de Lisboa; Instituto Português do Livro da Leitura; Secretaria de Estado da Cultura, 1990.

EXPOSIÇÃO DE MÁRIO DE SÁ-CARNEIRO 1890-1964, Lisboa: Biblioteca Nacional, 1990. (Coordenação de António Braz de Oliveira. Textos sobre *Itinerário humano de Mário de Sá-Carneiro*, de Maria Aliette Galhoz; *Algumas marcas simbolistas na poesia de Sá-Carneiro*, de Paula Mourão; *Sá-Carneiro, Aquilino Ribeiro e o futurismo*, de Dieter Woll; *Mário de Sá-Carneiro ou a reposição permanente dos enigmas*, de Ana Nascimento Piedade; *Cronologia da vida e obra de Mário de Sá-Carneiro*, de Marina Tavares Dias; e uma bibliografia muito completa.)

BIOGRAFIA DO SELECIONADOR

Lucila Nogueira é poeta, ensaísta, contista, crítica e tradutora. Tem dezoito livros de poesia publicados, a saber: *Almenara* (1979), *Peito aberto* (1983), *Quasar* (1987), *A dama de Alicante* (1990), *Livro do desencanto* (1991), *Ainadamar* (1996), *Ilaiana* (1997-2000, 2. ed.), *Zinganares* (1998, Lisboa), *Imilce* (1999-2000, 2. ed.), *Amaya* (2001), *A quarta forma do delírio* (2002, 1. e 2. ed.), *Refletores* (2002), *Bastidores* (2002), *Desespero blue* (2003), *Estocolmo* (2004-2005, 2. ed.), *Mar camoniano* (2005), *Saudade de Inês de Castro* (2005) e *Poesia em Medellin* (2006).

Seu livro de estreia, *Almenara*, obteve o prêmio de poesia Manuel Bandeira do Governo do Estado de Pernambuco, no ano de 1978 – essa premiação lhe foi novamente concedida pelo livro *Quasar*, em 1986, ano do centenário do poeta modernista pernambucano. *Ilaiana* teve lançamento no centro de Estudos Brasileiros de Barcelona, em 1998; *Zinganares*, na Embaixada do Brasil em Lisboa, também em março do mesmo ano.

Sobre este último, editado em Portugal, foi defendida a dissertação *A moderna lírica mitológica de Lucila Nogueira*, de autoria de Adriane Ester Hoffmann, na PUC-RS, sob orientação da professora Lígia Militz. *Imilce* encontra-se traduzido para o francês por Claire Benedetti (tradutora de Florbela Espanca, Teixeira de Pascoaes e Antero de Quental), aguardando publicação. Lucila foi escritora-residente na Casa do Escritor Estrangeiro de Saint-Nazaire em dezembro de 1999; o livro que lá produziu nesse período, *A quarta forma do Delírio*, estava sendo traduzido por Claire Cayron (tradutora de Miguel Torga, Sophia de Melo Brayner, Harry Laus e Caio Fernando Abreu), ao tempo de súbita desaparição da tradutora. Sobre sua obra poética já se pronunciaram vários críticos, escritores e professores do Brasil e de Portugal.

Como ensaísta publicou Ideologia e forma literária em Carlos Drummond de Andrade (em 3ª edição no ano de 2002), *A lenda de Fernando Pessoa* (2003) e tem no prelo *O cordão encarnado*, sua tese de doutorado sobre os livros *O cão sem plumas* e *Morte e Vida Severina*, de João Cabral de Melo Neto. É professora da Pós-Graduação em Letras e Linguística da Universidade Federal de Pernambuco, onde ensina disciplinas como Teoria da Poesia, Ideologia e Literatura, Literaturas de Expressão Portuguesa do Século XX e Literatura Hispanoamericana; na Graduação, ensina Literatura Portuguesa (Cadeira de Concurso Público), Literatura Brasileira, Teoria da Literatura e Língua Portuguesa (Português Instrumental). Chefiou o Departamento de Letras de 1998 a 1999. Membro da Academia Pernambucana de Letras desde 1992 e sócia – correspondente da Academia Brasileira de Filologia, sediada no Rio de Janeiro. Foi Diretora Cultural e de Intercâmbio Internacional do Gabinete Português de Leitura do Recife, onde editou por sete anos a Revista de Lusofinia Encontro, sobre a qual já promoveu lançamentos nas Universidades de Évora, Porto e Complutense de Madri, com apresentação dos professores Francisco Soares, Arnaldo Saraiva e Antonio Maura, respectivamente. É membro da Associação Internacional de

Lusitanistas, da Associação Brasileira de Professores de Literatura Portuguesa, da Associação Nacional de Pós-Graduação e Pesquisa em Letras e Linguística e da Asociación Latinoamericana de Estdios del Discurso. Pertence ao Conselho Editorial da Associação de Imprensa de Pernambuco. Organiza eventos culturais, Colóquios e Seminários, destacando-se o II e III Seminário Internacional de Lusografias, realizados na Universidade Federal de Pernambuco e na de Évora, espectivamente nos anos de 1999 e 2000.

Integrou a Comissão Artística na versão inaugural do Prêmio de Literatura Brasileira da Portugal Telecom, sendo eleita nos dois anos seguintes para o seu juri nacional; participou igualmente da comissão julgadora do Prêmio Binacional Brasil-Argentina em 2005. Está traduzindo para o português o poeta espanhol Pablo del Barco e os poetas colombianos Jaime Jaramillo Escobar, Elkin Obregon e Luis Eduardo Rendon. Divulgadora em reciprocidade de autores portugueses e brasileiros contemporâneos, desenvolve atualmente o projeto Tradição e Modernidade em Dalila Pereira da Costa e Luiza Neto Jorge. Estão sendo reunidos, em volume único, os livros *Ainadamar, Ilaiana, Imilce* e *Amaya*, a chamada tetralogia ibérica, que constitui um diálogo intercultural realizado a partir das raízes galegas e lusitanas da autora brasileira nascida no Rio de Janeiro e radicada no Recife. Publicou vários verbetes na Biblos-Enciclopédia Verbo das Literaturas de Língua Portuguesa, além de artigos nas revistas *Colóquio/Letras* (Lisboa), *Cadernos* de *Literatura* (Coimbra) e *Poesia* e *Crítica* (Brasília). Pertence ao Conselho Editorial da Revista Eletrônica *Mafuá*, da Universidade Federal de Santa Catarina e colabora com a revista eletrônica *Agulha*, editada por Floriano

Martins e Cláudio Willer. Prestou Consultoria Editorial à Prefeitura do Recife de 1989 a 1992 cumprindo a programação de quarenta livros nesse período; tem editado escritores jovens e/ou inéditos, quer alunos de sua Oficina Literária de Poesia e Conto (Coletânea Ábaco) ou alunos do Curso de Letras onde leciona (Coletânea Lua de Iêmen, Lua de Bengala).

Primeira mulher a representar o Brasil no XVI Festival Internacional de Poesia de Medellín, a poeta Lucila tem 33 contos inéditos havendo publicado até hoje apenas sete deles no livro Guia Para os Perplexos, em Amaya (Bagaço, 2001).

ÍNDICE

Mário de Sá-Carneiro: maldito, decadentista
   e dadaísta 7
Cronologia breve 42

CAPÍTULO I

7 62
O pajem 63
A minha alma, fugia pela torre Eiffel acima 64
Epígrafe 65
Anto 66
De repente a minha vida 67
Fim 68

CAPÍTULO II

Feminina 70
Estátua falsa 71
A queda 72
O resgate 73
Taciturno 74

Ângulo 76
Álcool 78

CAPÍTULO III

Crise lamentável 82
Quase 84
Distante melodia 86
Como eu não possuo 88
Escala 90
Partida 93
Não 96

CAPÍTULO IV

Aqueloutro 100
Salomé 101
Certa voz na noite, ruivamente 102
Escavação 103
Apoteose 104
Pied-de-Nez 105
O fantasma 106

CAPÍTULO V

Desquite 108
Abrigo 110

Serradura 112
Elegia 114
Cinco horas 117
Dispersão 120
A um suicida 124

CAPÍTULO VI

Sete canções de declínio 128

CAPÍTULO VII

O Lord 138
16 139
Sugestão 141
A inigualável 142
Ah, que te esquecesses sempre das horas 144
Manucure 146
Caranguejola 158
Tábua biográfica de Mário de Sá-Carneiro 160
Fortuna crítica 162

Biografia do selecionador 207

COLEÇÃO MELHORES CRÔNICAS

MACHADO DE ASSIS
Seleção e prefácio de Salete de Almeida Cara

JOSÉ DE ALENCAR
Seleção e prefácio de João Roberto Faria

MANUEL BANDEIRA
Seleção e prefácio de Eduardo Coelho

AFFONSO ROMANO DE SANT'ANNA
Seleção e prefácio de Letícia Malard

JOSÉ CASTELLO
Seleção e prefácio de Leyla Perrone-Moisés

MARQUES REBELO
Seleção e prefácio de Renato Cordeiro Gomes

CECÍLIA MEIRELES
Seleção e prefácio de Leodegário A. de Azevedo Filho

LÊDO IVO
Seleção e prefácio de Gilberto Mendonça Teles

IGNÁCIO DE LOYOLA BRANDÃO
Seleção e prefácio de Cecilia Almeida Salles

MOACYR SCLIAR
Seleção e prefácio de Luís Augusto Fischer

ZUENIR VENTURA
Seleção e prefácio de José Carlos de Azeredo

RACHEL DE QUEIROZ
Seleção e prefácio de Heloisa Buarque de Hollanda

FERREIRA GULLAR
Seleção e prefácio de Augusto Sérgio Bastos

LIMA BARRETO
Seleção e prefácio de Beatriz Resende

OLAVO BILAC
Seleção e prefácio de Ubiratan Machado

ROBERTO DRUMMOND
Seleção e prefácio de Carlos Herculano Lopes

SÉRGIO MILLIET
Seleção e prefácio de Regina Campos

Ivan Angelo
Seleção e prefácio de Humberto Werneck

Austregésilo de Athayde
Seleção e prefácio de Murilo Melo Filho

Humberto de Campos
Seleção e prefácio de Gilberto Araújo

João do Rio
Seleção e prefácio de Edmundo Bouças e Fred Góes

Coelho Neto
Seleção e prefácio de Ubiratan Machado

Josué Montello
Seleção e prefácio de Flávia Vieira da Silva do Amparo

Odylo Costa Filho*
Seleção e prefácio de Cecilia Costa

Gustavo Corção
Seleção e prefácio de Luiz Paulo Horta

Álvaro Moreyra
Seleção e prefácio de Mario Moreyra

Raul Pompeia*
Seleção e prefácio de Claudio Murilo Leal

Rodoldo Konder*

França Júnior*

Antonio Torres*

Marina Colasanti*

*PRELO

GRÁFICA PAYM
Tel. (011) 4392-3344
paym@terra.com.br